KB211274

위빠간화선 강설

위빠간화선 강설

펴낸날 ‖ 2019년 3월 27일 초판 발행
지은이 ‖ 대현
펴낸이 ‖ 유영일
펴낸곳 ‖ **올리브나무** 출판등록 제2002-000042호
　　　　경기도 고양시 일산동구 정발산로 82번길 10, 705-101
　　　　전화 070-8274-1226, 010-7755-2261
　　　　팩스 031-629-6983　　E메일 yoyoyi91@naver.com

반포처 ‖ 경남 산청군 시천면 지리산대로 1440-28 정각사
　　　　전화 055-972-1109, 010-9772-4588

　　　　Jeonggaksa (Dae Hyun)
　　　　1440-28 Jirisan-daero, Sicheon-myeon
　　　　Sancheong-gun Gyeongsangnam-do
　　　　South Korea　　(postal code) 52238

ⓒ 대현, 2019

값 12,000원

ISBN 978-89-93620-76-4　13220

이 도서의 국립중앙도서관 출판예정도서목록(CIP)은
서지정보유통지원시스템 홈페이지(http://seoji.nl.go.kr)와
국가자료종합목록시스템(http://www.nl.go.kr/kolisnet)에서
이용하실 수 있습니다. (CIP제어번호 : CIP2019010800)

위빠간화선 강설

● 대현 지음

올리브나무

머리말

    우리나라에 전하여 오는 선(禪)은 최상승선인 간화선으로서 중국 임제종 선맥을 이어오고 있습니다. 간화선은 석가모니 부처님 이래 인도와 중국을 거치면서, 자성(自性)을 깨닫는 여러 수행법 가운데 가장 발달된 선(禪)으로서, 부처님과 조사께서 이르신 한 마디 말이나 한 순간에 보이신 짧은 행위 끝에, 백억 가지 법문을 뛰어넘어 바로 깨달음에 이르게 합니다.

    간화선은 다양한 우회의 방편을 다 끊어버리고 근원으로 바로 가는 가장 빠르고 간명한 길입니다. 가장 빠르고 간명한 지름길인 만큼 길이 가파르고 험하기 때문에 상근기(上根機)가 아니면 접근하기 힘이 듭니다. 현철 스님도 한국 간화선을 미국에서 지도하고 있지만, 어려움이 많다고 하였습니다.

    저는 몇 년 전에 남방 불교국에서 수행하고 있는 위빠사나의 장점과 간화선의 장점을 잘 살려서 간화선에 쉽게 다가갈 수 있는 수행법으로 『위빠간화선』이라는 책을 썼습니다. 이 책을 현철 스님께 보내주었더니 보고 좋아라 하면서 LA 반야사에 와서 선(禪)을 지도해 달라고 청하였습니다.

반야사는 미국 캘리포니아주 LA에 있는 한국 속리산 법주사 포교당으로서, 1982년 11월 1일 법주사 전 주지 지명 스님이 미국 유학중에 창건하여 개원하였습니다. 그 뒤를 이어 1989년 11월 6일 현 주지 현철 스님이 취임하여 지금까지 30년 동안 교포와 미국 현지인들에게 한국 전통 간화선을 가르치는 데 심혈을 기울이고 있습니다.

현철 스님은 미국에 오기 전에 한국 제방선원에서 여러 해를 참선 수행한 선승입니다. 그리하여 미국에 사는 현지인들을 위하여 한국의 전통 간화선을 가르치고 지도하기 위하여 오래 전에 절 옆 건물을 매입하여 금오선원을 개원하였습니다.

현철 스님하고는 오래 전 지리산 천은사 선원에서 같이 정진한 적이 있는 도반입니다. 저는 쾌히 승낙하여 2018년 봄에 두 달 동안 반야사에 머무르면서 매주 수요일 참선법회에서 "위빠간화선" 강의를 하였습니다. 그때 강의한 내용을 글로 정리하여 책으로 출간하게 되었습니다. 강의 때 통역을 맡아 애써주신 김지용 변호사님, 케이트 박, 유창열 교수님께 감사드립니다.

2019년 3월

대현

차례

제1강

수행의 목적

사람들은 끊임없이 행복을 추구합니다. 물질적 부를 이룬 데서 행복을 찾는 경제행위, 권력과 명예를 얻는 데서 행복을 찾는 정치행위, 음악, 미술, 스포츠에서 명예와 부를 얻는 데서 행복을 찾는 문화행위, 건강을 유지하여 무병장수를 얻는 데서 행복을 찾는 의료행위가 있습니다. 이러한 행위들을 통해서 찾는 행복들은 인간들의 마음을 결코 만족시키지 못합니다. 그래서 종교행위에서 그 해답을 찾고자 합니다. 종교적 행복에는 금생의 행복과 내생의 행복과 영원한 궁극적 행복이 있습니다.

금생과 내생의 행복은 남에게 돈, 음식, 약, 옷 등의 물질을 널리 베풀어 공덕을 쌓는 보시(布施)와 살생, 도둑질, 사음, 거짓말 등을 하지 않는 지계(持戒)를 가짐으로써 얻을 수 있습니다. 그리고 불보살님이나 신에게 기도합니다. 하지만 영원한 궁극적 행복은 수행을 통해서 깨달음을 얻어 열반을 성취해야 합니다.

보시와 지계로 천상에 태어난다고 해도 천상락은 복이 다하면 타락합니다. 영원한 궁극적 행복인 열반락은 더 이상 윤회가 없는 영원한 궁극적 행복입니다. 영원한 궁극적 행복인 열반락을 성취하려면 어떠한 수행을 해야 하며, 무엇을 깨달아야 되겠습니까?

인류가 있어온 이래로 인간이 스스로에게 던진 가장 많은 질문은 바로 "나는 무엇인가?"일 것입니다. 부처님께서도 이 질문을 여러 사람들에게 많이 받았고, 이 질문에 대해서 대답하셨으며, 중요한 질문이기에 아주 많이 그것도 아주 강조하여 말씀하셨습니다. 부처님께서는 초기 경전에서 간단명료하게 '나'는 다섯 가지가 모인 무더기인 오온(五蘊)이라고 하셨습니다. 오온은 물질인 색(色)과 정신작용인 수(受), 상(想), 행(行), 식(識)을 말합니다.

◎ 색(色)은 물질로 이루어진 색신(色身)입니다. 색신은 뼈, 살, 털, 손톱, 발톱, 피, 진액, 골수 등으로 이루어졌습니다.

◎ 수(受)는 전오식(前五識)으로 바깥세상을 받아들여 느끼는 것입니다. 눈은 안식(眼識)으로 바깥세상의 형색(形色)을 받아들이고, 귀는 이식(耳識)으로 소리를, 코는 비식(鼻識)으로 냄새를, 혀는 설식(舌識)으로 맛을, 몸의 촉각은 신식(身識)으로 바깥세상의 감촉을 받아들여 느끼는 것입니다.

◎ 상(想)은 제육의식(第六意識)으로서 전오식(前五識)이 받아들인 바깥 경계를 인식하고 생각(想)합니다. 눈에 아름답게 보이고, 귀에 감미롭게 들리고, 코에 향기가 향기롭고, 혀에 맛이 달콤하고, 살결에 부드러운 감촉을 느끼면 '즐거운 생각'(樂)이 일어납니다. 그러나 눈에 보임이 흉측하고, 귀에 들림이 거슬리고, 코에 와 닿는 냄새가 고약하고, 혀에 느끼는 음식 맛이 쓰거나 매우며, 살결에 와 닿는 감촉이 거칠면 '괴로운 생각'(苦)이 일어납니다. 갈애(渴愛)와 염오(厭惡)를 일으킵니다.

◎ 행(行)은 제칠말나식으로서 전식(轉識) 또는 행식(行識)이라고도 합니다. 제육의식이 분별하지 못하는 부분도 분별하며, 전오식과 제육의식의 정보를 제팔아뢰야식에 전달을 하는 심리작용입니다.

◎ 식(識)은 제팔아뢰야식으로 제팔함장식(第八含藏識)이라고도 하며, 모든 업(業)이 갈무리되는 식(識)입니다. 제칠말나식으로부터 전달된 정보, 즉 기쁨, 분노, 슬픔, 갈망, 거만함, 의심, 사랑, 두려움, 시기심, 동정심, 자비심, 평온함, 혼란, 혐오, 증오, 마음챙김, 윤리, 도덕, 재능, 죄, 복 등 모든 정보가 갈무리되는 곳입니다. 이 업식이 무명(無明)이며 윤회의 씨앗입니다.

중생들은 이 색(色), 수(受), 상(想), 행(行), 식(識)의 다섯 가지 무더기인 오온을 '나'라고 여기고, 여기에 집착하기 때문에 윤회가 이루어지고 생노병사의 고가 따릅니다. '나'라고 하는 존재를 색수상행식으로 해체해서 보면, 이들의 변화성과 찰나성인 무상(無常)이 극명하게 드러납니다. 무상하여 변형되고 변화하는 것은 괴로움(苦)입니다. 우리는 변화되고 괴로운 것을 '나'라고 하거나 '나의 자아'라고 하지 않습니다. 이처럼 변화를 통찰할 때, 괴로움과 무아(無我)를 꿰뚫어 알아차리게 됩니다. 이렇게 무상(無常), 고(苦), 무아(無我)를 철견할 때, 집착과 갈애에서 벗어나 해탈을 얻을 수 있습니다.

중생들이 색수상행식의 오온으로 이루어진 것을 '나'라고 알고 있는 것은 '거짓 나'요 '참나'가 아닙니다. 우리가 아침저녁 예불 시 독송하는 반야심경에서 관자재보살은 사리자에게 "깊이 반야바라밀을 행할 때, 오온이 공(空)한 것을 비추어보고, 일체의 고(苦)를 여의였느니라."고 말씀하셨습니다. 오온으로 이루어진 '나'를 실다운 줄 알고 애착하여 갈애로 생사윤회를 거듭하면서 무수한 고(苦)를 받았으나, 오온이 공(空)한 것을 꿰뚫어 알아차리어, 윤회로 생긴 생노병사의 모든 고를 여의고 열반의 즐거움을 얻었다는 말씀입니다. 그래서 오온은 '참나'가 아닙니다.

지구촌의 생명체들은 생혼(生魂)과 정혼(情魂)과 식혼(識魂)으로 이루어져 있습니다. 식물(植物)은 생명의 넋인 생혼을 가지고 있으나, 감정의 넋인 정혼과 사량분별심을 일으키는 넋인 식혼을 가지고 있지 않습니다. 지렁이 같은 연체동물은 생혼과 정혼은 가지고 있으나, 사량분별심인 식혼은 가지고 있지 않습니다.

개, 돼지, 소, 사람 등은 생혼(生魂)과 정혼(情魂)과 식혼(識魂)을 갖추고 있습니다. 고등동물일수록 식혼이 발달해 있습니다. 지구 촌의 생명체 중에서 사람의 식혼이 가장 발달해 있습니다. 부처님 뿐만 아니라, 부처님 이래 많은 불교학자들이 인간들의 마음자리 인 식(識)에 대하여 연구해 오면서 논서들을 내놓았습니다.

우리 인간들의 마음자리는 어떠한 것일까요? 마음을 알면 '나'를 알고, 나를 알면 불교를 안다고 해도 과언이 아닙니다. 그러나 마음 심(心) 자는 여러 의미로 사용할 때가 많이 있습니다. 그때그때 나타내는 의미를 잘 이해하지 못하면, 전혀 다른 뜻으로 이해하기 쉽습니다. 불교에서 사용하는 '마음'이라는 어휘는 다음 네 가지 마음으로 구분할 수 있습니다. 첫째, 제육의식(第六意識)의 마음, 둘째, 제칠말나식의 마음, 셋째, 제팔아뢰야식의 마음, 넷째, 여래장식(如來藏識)의 마음입니다.

초기 경전에는 유식론(唯識論)이 나오기 전이라 제육의식 외에 제칠말나식과 제팔아뢰야식 그리고 여래장식은 언급된 바가 없습니다. 그래서 초기 경전에서는 제육의식 속에 칠말나식과 팔아뢰야식이 혼용된 경우가 있습니다.

첫째, 제육의식(第六意識)의 마음은 의근(意根)인 우리의 머릿 속 뇌(腦)가 근본 뿌리가 되어 일어나는 정신작용인 사량분별심입 니다. 어린애가 태어나면 성인과 똑같이 육근(六根)인 안이비설 신의가 갖추어졌으나, 육식(六識)인 안식(眼識), 이식(耳識), 비식

(鼻識), 설식(舌識), 신식(身識), 의식(意識)이 발달되지 못하여 육진(六塵)인 색(色) 성(聲) 향(香) 미(味) 촉(觸) 법(法)의 바깥 경계를 알아차리지 못합니다. 그러다가 점점 자라면서 유근과 육식이 발달하여 육진경계를 알아차립니다.

전오식(前五識)인 안식(眼識)은 형상의 청황장단(靑黃長短)을 식별하고, 이식(耳識)은 소리를, 비식(鼻識)은 향기를, 설식(舌識)은 맛을, 신식(身識)은 춥고 더움, 거칠고 부드러움 등의 촉감을 알아차리어 받아들입니다.

제육의식은 전오식으로 얻어진 바깥 경계의 모든 정보를 사량 분별할 뿐만 아니라, 안으로 형상이 있고 없고, 과거 현재 미래의 모든 사물에 대하여 사량분별하며 잠시도 멈춤이 없이 생각이 바뀌므로 제육의식의 마음은 환(幻)이라고 합니다.

우리나라 말에 '마음'이라는 두 글자에 아주 많은 수식어가 붙어 있습니다. 사람들은 마음에 모양이 없는데도 "저 사람은 마음이 모나다, 둥글다, 뾰족하다, 날카롭다, 무디다, 넓다, 좁다…"라고 말합니다. 그리고 마음에 온도가 어디 있습니까만은, 그런데도 "저 사람은 마음이 따뜻하다, 차갑다, 미지근하다…"라고 말합니다. 그리고 마음에 속도가 어디 있겠습니까만은, "저 사람은 마음이 급하다, 느리다, 조급하다, 여유롭다…"라고 말하고, 음식이 아닌데도 마음이 상큼하다, 꼬름하다고도 말들을 합니다. 그 외에도 마음이 덕스럽다, 야박하다, 맑다, 밝다, 탁하다, 아름답다, 능청스럽다, 밉다 등의 수식어가 붙어 있습니다.

14

왜 이렇게 많은 수식어가 '마음'이라는 두 글자에 붙어 있을까요? 그것은 심의식의 마음은 그만큼 많은 변덕을 부린다는 증거입니다. 우리 수행자들은 이렇게 잠시도 멈추지 않고 날뛰는 심의식의 마음을 알아차림이라는 수행법으로 한곳에 잡아매어 두어야합니다, '지금 내 마음이 어떤 마음인가?'하고 현재의 마음을 알아차려야 합니다, 만약 후회와 분노, 그리고 바람과 걱정이 일어나고 있다면, 지금 현재의 내 마음은 과거에 있거나 미래에 있기 때문입니다. 부처님께서 말씀하셨습니다.

"어제를 다시 살지 말고, 내일을 미리 살지 마라.
어제는 이미 지나갔고, 내일은 오지도 않았다.
다만 지금 일어난 생각을 총체적으로 관찰하라.
일어난 생각에 굴복되지 말고 일어난 생각에 흔들리지 말라.
지혜로운 자는 이처럼 열심히 관찰하는 힘을 키운다."

둘째, 제칠말나식의 마음입니다. 우리가 마음과 마음이 통한다고 할 때, 이심전심(以心傳心)이라고 말합니다. 이때의 마음이 제칠말나식입니다. 제육의식으로는 분별하지 못하는 식(識)으로 사량분별심인 제육의식 이전의 식(識)입니다. 제칠말나식은 육근(六根)에 고루 내재되어 있어 전오식과 제육의식과의 활동영역이 같을 때가 많으므로 제칠말나식의 역할을 인지하지 못할 때가 있습니다. 하지만 인간 정신세계에서 역할이 지대하므로 생활에 미치는 영향은 매우 큽니다.

　팔리어 초기경전의 주석서에 "손가락 한 번 튕기는 순간, 1조 번이나 일어남과 꺼짐이 생긴다."라고 하였습니다. 제칠말나식의 일어남과 꺼짐인 마음의 주파수는 똑같지 않습니다. 저마다 다른 자신만의 고유 DNA를 가졌듯이, 마음의 주파수도 다르게 갖고 태어납니다. 그러나 일란성 쌍둥이는 DNA가 거의 같듯이, 마음의 주파수도 거의 같아 마음과 마음이 잘 통합니다. 한 아이가 아픔을 느끼면 다른 쪽 아이도 아픔을 느끼고, 한쪽 아이가 배고픔을 느끼면 다른 쪽 아이도 배고픔을 느낍니다.

　갓 태어난 아이들은 전오식과 제육의식이 발달하지 못하여 바깥 경계를 분별하지 못하지만, 오히려 제칠말나식의 직관이 발달되어 있습니다.

　어느 날 텔레비전에서 일주일 전에 태어난 갓난애들이 자기 엄마를 알아보는 여부를 밝히는 실험을 하였습니다. 처음에 일주일 전에 태어나 눈도 뜨지 못한 다섯 명에게 엄마가 아닌 분들을 시켜 아기를 안아주게 하니 다섯 명의 아기들이 모두 울었습니다. 아무리 얼러도 울음이 그치지 않아 다음은 친엄마들에게 아기를 안아주게 하였습니다. 그러자 금세 울음을 그치는 것이었습니다. 갓난아이는 본래 타고난 제칠말나식이 매(昧)하지 않고 있어 직감으로 알아냅니다.

　그래서 갓난아이는 엄마가 안아줄 때 사랑하는 마음으로 안아주는지, 그렇지 않은지, 엄마의 마음이 불편한지, 편한지 등의 모든 감정을 직감으로 알아차립니다. 이렇게 본래 타고난 발달된 제칠말나식도 아이들이 자라면서 제육의식이 발달하면 육의식에 의존하느라 칠밀나식은 숨어 버립니다. 제칠말나식의 역할에 대하여 또 하나 예를 들어 보이겠습니다.

연령이 비슷한 또래의 대학생 60명을 30명씩 A 그룹과 B 그룹으로 나누어 두 시간짜리 영화를 각기 다른 영화관에서 동시에 보여주었습니다. 영화의 내용은 똑같았지만, A 그룹에만 1분에 한 컷씩 특정한 회사의 상표 음료수 광고를 삽입시켰습니다. 영화 필름에서는 1초에 16컷이 지나가므로 1분이면 960컷이 돌아갑니다. 그중 한 컷을 광고로 내보냈으니 사람의 눈으로는 도저히 식별하지 못합니다. 영화가 동시에 끝나고 학생들 앞에 여러 종류의 음료수를 갖다 놓았더니 A 그룹 학생들이 B 그룹 학생들보다 배 이상이나 광고에서 나온 특정한 회사의 상표 음료수를 마셨습니다. 제칠말나식이 작용한다는 것은 제육의식이 식별하지 못하는 영역을 무의식중에도 분별하고 있다는 증거입니다.

제칠말나식은 생활 주변에 흐르는 에너지, 즉 기(氣)를 감지하기 때문에 오랜 세월 동안 같은 환경 속에 살아온 민족들은 그들만의 독특한 피부색깔, 얼굴형, 성격, 언어와 문화를 갖게 됩니다. 심리학자 칼 융은 이런 것을 '집단무의식' 또는 '인종적 무의식'이라고 말했습니다.

때때로 도가 높은 성자들이 신통력을 보이는 경우가 있습니다. 전생사를 기억하는 숙명통(宿命通), 앉아서 천리를 내다보거나 미래사를 아는 천안통(天眼通), 남의 마음을 아는 타심통(他心通), 앉아서 천리 밖의 소식을 듣거나 짐승이나 새들의 말을 알아듣는 천이통(天耳通)의 신통력(神通力)은 제칠말나식의 작용입니다.

셋째, 제팔아뢰야식의 마음입니다.

조주 스님이 남전 스님께 물었습니다.

"어떤 것이 도입니까?"

"평상심(平常心)이 도이니라."

여기서 평상심이란? 옷 입고, 밥 먹고, 차 마시는 일상생활의 중생들의 분별심을 가리키는 말이 아닙니다. 제팔아뢰야식에 함장된 카르마에 의해 일어나는 번뇌에 굴림을 당하는 중생심이 아니라, 카르마 즉 업(業)을 굴리어 번뇌를 지혜로 활용하는 반야의 마음입니다. 제팔아뢰야식을 굴리어 반야지(般若智)를 이루어 해탈을 하면 부처요, 굴림을 당하여 생사윤회를 하면 중생입니다.

제팔아뢰야식의 본바탕은 녹화되지 않은 비디오 공테이프와 같이 깨끗하지만 다겁생을 윤회하면서 전오식으로부터 얻은 견문각지(見聞覺知)와 제육의식의 사량분별심과 제칠말나식의 직관심의 업이 녹화되어 얼룩져 있는 것입니다.

원각경 보안보살장에서 부처님께서 말씀하셨습니다. "중생들은 환(幻)인 몸뚱이가 멸하므로 환인 마음도 멸하고, 환인 마음이 멸하므로 환인 경계도 멸하고, 환인 경계가 멸하므로 환의 멸도 또한 멸하고, 환의 멸이 멸하므로 환 아닌 것은 멸하지 않나니, 이를테면 거울에 때(垢)가 없어지면 광명이 나타나는 것과 같느니라."

제팔아뢰야식은 중생의 육신이 죽어 없어져도 없어지지 않은 식(識)입니다. 그러므로 무몰식(無沒識)이라고도 하고, 중생의 무기 번뇌의 인(因)으로서 무명심(無明心)이며 육도윤회(六道輪回)를 하게 합니다.

부처님께서 말씀하셨습니다. "전생사를 알고자 하는가. 금생에 받고 있는 과보를 보아라. 내세사를 알고자 하는가. 금생에 하고 있는 내 자신을 살펴보라."

금생사는 전생에 뿌린 씨의 열매를 거두어들이는 것이요, 내생사는 금생에 뿌린 씨의 열매입니다. 사람들의 얼굴, 음성, 재능, 체질, 성격이 각기 다르게 태어난다는 것은 다겁생에 살아온 업이 다르기 때문입니다. 제팔아뢰야식은 컴퓨터의 소프트웨어처럼 전생사가 입력되어 있는 식(識)으로서, 그로 인해 지금의 내가 만들어졌다고 할 수 있습니다.

19세기 후반의 프랑스 과학자인 드로샤는 연령퇴행(年齡退行) 최면으로 과거생의 기억을 되살려낼 수 있다고 주장했습니다.

심리학자 프로이트는 연령퇴행 최면술을 걸어 최면 상태에 든 사람이 현재의식일 때에는 완전히 잊고 있는 어린 시절의 일들을 다시 생각해내는 것을 보고 전생의 기억이 보존되어 있다는 것을 알았고, 그것을 설명하기 위해 무의식의 마음이라는 것을 가정하지 않을 수 없었습니다. 최면 상태에서 연령퇴행을 하게 되면 태어나서부터 겪은 모든 일들을 상세히 기억하고 있다는 것을 목격할 수 있습니다. 연령퇴행 최면술은 표면의식에서는 떠올리지 못하는 기억이 마음의 어떤 층에 보존되어 있음을 증명해 줍니다.

60세인 사람을 최면 상태에 들게 하여 나이를 퇴행시켜 10세 때로 돌아가게 하면, 10세 때의 기억을 떠올립니다. 이름을 쓰라고 하면 10세 당시에 썼던 것과 같은 모양으로 자신의 이름을 쓰며, 초등학교 때 담임 선생님은 누구이며, 짝은 누구였는지, 평소에는 까맣게 잊고 있었던 것을 거침없이 대답합니다. 더 거슬러 퇴행시키면 그 연령에서 하던 몸짓과 말씨를 그대로 재연합니다. 전생으로 퇴행시키면 전생사도 이야기합니다. 이런 연령퇴행 실험은 심리학 분야를 공부한 학생들에게는 잘 알려져 있습니다.

넷째, 여래장식(如來藏識)의 마음입니다.

"마음이 부처다."라는 말은 선가(禪家)에서 자주 쓰는 말입니다. 여기서의 마음은 여래장식의 마음입니다.

20

　부처님께서는 원각경에서 "중생이 본래 부처이다."라고 하셨습니다. 여래장은 마니주(摩尼珠) 같아서 수억 겁을 더러운 거름무더기 속에 있어도 조금도 더럽혀지지 않고 맑은 물에 수없이 씻는다고 해도 더 이상 깨끗해지지 않는, 본래 청정한 자리입니다. 중생은 제팔아뢰야식에 함장된 업에 의해 여래장식이 굴림을 당하고, 부처는 여래장심으로 업을 굴립니다.

　비유하자면 여래장심은 주인이요, 제팔아뢰야식에 함장된 업은 머슴입니다. 주인인 여래장이 머슴을 부려서 번뇌를 반야로, 무기를 불매(不昧)로 바꾸어 반야지(般若智)를 이루면 부처요, 주인인 여래장이 머슴에게 끄달려서 번뇌와 무기에 빠져 육도윤회를 하면 중생입니다. 다시 자세히 비유하자면 여래장심은 주인이요, 제팔아뢰야식은 큰 머슴이요, 제칠말나식은 중머슴이요, 제육의식은 작은 머슴이고, 전오식은 작은 머슴 밑에서 심부름하는 다섯 동자입니다.

　제팔아뢰야식은 큰 머슴인데, 일인삼역(一人三役)을 합니다. 선업(善業), 악업(惡業), 무기(無記)가 그것입니다. 때로는 착하고 어질고 선한 머슴으로, 때로는 거칠고 사납고 악한 머슴으로, 때로는 게으르고 잠꾸러기의 무기력한 머슴이 됩니다. 이 큰 머슴은 일을 주관적으로 처리하고 고집이 있어서 별명을 수고우(水牯牛), 즉 물소라고 합니다.

　제칠말나식은 중머슴으로 어디에도 치우치지 않고 큰 머슴과 작은 머슴 사이에서 시키는 대로 정보를 전달하며, 비상시

작은 머슴이 감지하지 못하는 급정보를 빠르게 감지하여 다섯 동자(童子)에게 명령을 내립니다. 직관(直觀) 능력이 큰 유능한 머슴입니다.

제육의식의 작은 머슴도 일인삼역을 합니다. 때로는 착한 생각을 하는 어진 머슴이고, 때로는 나쁜 생각을 하는 거친 머슴이며, 때로는 흐리멍텅하고 게으른 머슴입니다. 작은 머슴은 유혹에 약하고 변덕이 심하며, 경솔하여 참고 기다리지 못해, 붙여진 별명이 호손자(猢猻子), 즉 원숭이라고 합니다. 그리고 주관적으로 일을 처리하므로 잘못된 관념에 사로잡혀 판단하는 수가 많아 일을 그르칠 때가 많습니다.

전오식은 작은 머슴 밑에서 심부름하는 다섯 명의 동자들입니다. 이들 동자들은 보는 일을 맡은 안동자(眼童子), 듣는 일을 맡은 이동자(耳童子), 냄새 맡는 일을 하는 비동자(鼻童子), 맛을 보아 아는 설동자(舌童子), 감촉을 맡아 처리하는 신동자(身童子)들입니다. 이들 동자들은 자기가 맡은 일에 거짓 없이 작은 머슴에게 충성을 합니다.

제육의식의 작은 머슴은 다섯 동자로부터 받은 정보를 제칠말나식 중머슴을 통하여 제팔아뢰야식 큰 머슴에게 보고하면, 큰 머슴은 모든 정보를 창고에 저장합니다. 저장된 업은 무명이며 윤회의 인(因)이 됩니다.

또 제육의식의 작은 머슴은 큰 머슴이 중머슴을 통해 보낸

22

전생의 정보와 다섯 동자로부터 금생에 얻은 정보가 고정관념이 되어 주관적으로 사물을 판단합니다. 그래서 전생업에 한 번 전도되고, 또 금생의 업에 의해 다시 한 번 전도되어 이 세상을 각자 나름대로 보고, 듣고, 맛보면서 살아갑니다.

사람이 죽어 이 세상을 떠날 때는 다섯 동자와 작은 머슴, 중머슴은 따라오지 못하지만, 큰 머슴만 아뢰야식에 쌓아둔 업을 짊어지고 주인인 여래장을 따라 나섭니다. 이때 큰 머슴이 주인 여래장을 끌고 가면, 중생계에 떨어져 육도윤회를 하며 무량한 고통을 받고, 주인공인 여래장심이 주관하여 큰 머슴을 부리고 가면, 대해탈 열반락을 즐기며 육도를 자유자재로 들고나는 대보살이 됩니다.

우리가 수행을 하는 것은 심부름꾼 다섯 동자와 작은 머슴, 중머슴, 큰 머슴을 잘 다스려 자유자재로 부리는 것입니다. 위빠사나는 알아차림이라는 수행법으로, 먼저 다섯 동자를 길들이고 작은 머슴, 중머슴, 큰 머슴을 차례대로 길들이어 조복시키는 법이라면, 사마타 수행의 극치인 간화선은 화두를 참구 타파하여 깨달음으로써 큰 머슴을 단박에 조복시켜 나머지 중머슴, 작은 머슴, 다섯 동자를 일시에 조복시키는 수행법입니다.

다음 시간부터는 제가 직접 수행해 보고 얻어진 경험을 쓴 『위빠간화선』이라는 책을 교재로 삼아 강의하면서 선(禪)을 지도하겠습니다.

위빠간화선은 위빠사나 수행의 장점과 사마타 수행의 극치인 간화선의 장점을 잘 살려 제가 착안해낸 수행법입니다. 이 책을 한 권씩 여러분에게 드리겠습니다. 다음 주에 오실 때까지 여러 번 읽고 오시기 바랍니다.

뒷부분에 영어로도 번역되어 있으니 한국어를 모르는 분은 영어본을 읽으시기 바랍니다.

그러면 10분간 쉬었다가 지금까지 여러분이 해온 방식대로 입선을 하겠습니다.

제2강

위빠사나 선(禪)과 사마타 선(禪)

　제가 먼저 교재인 『위빠간화선』의 한국어 부분을 읽겠습니다. 그리고 나면 여러분 중에 누구 한 분이 영어로 된 부분을 읽어 주시기 바랍니다.

　"부처님께서 가르치신 깨달음에 이르는 길은, 위빠사나 선(禪)과 사마타 선(禪)으로 나눌 수 있다. 위빠사나라는 용어는 부처님 당시 중인도 언어인 팔리(pāli)어이다. 위빠사나(vipassanā)에서 위(vi)는 '분리'라는 뜻이며, 빠사나(passanā)는 '직관, 통찰'이라는 뜻이다. 다시 말하면 대상을 분리해 놓고 있는 그대로 지켜보는 것을 말한다.

　사마타 선은 대상의 이미지, 상(想), 모양(相), 관념(觀念)을 수행 주제로 삼는다. 사마타는 '집중'을 뜻하는 말인데, 집중에는 바른 집중과 삿된 집중이 있다. 바른 집중은 수행 주제에 집중하는 것이며, 삿된 집중은 감각적 쾌락의 대상에 집중하는 것이다. 바른 집중에는 근본 집중, 근접 집중, 찰나 집중이 있다. 사마타 선에서 하는 집중에는 근본 집중과 근접 집중이 있고, 위빠사나 선에서 하는 집중은 찰나 집중이다.

집중은 지(止)요 정(定)이며, 알아차림은 관(觀)이요 혜(慧)이다. 지(止)만 있고 관(觀)이 없으면 무기(無記)요, 관(觀)만 있고 지(止)가 없으면 산만(散漫)이다. 위빠사나 선은 관(觀)하며 지(止)하고, 사마타 선은 지(止)하며 관(觀)하는 수행법이다."

위빠사나 수행은 초기 불교경전인 『대념처경』을 근거로 하여 스리랑카, 태국, 미얀마 등 남방 불교권에서 많이 수행하는 선법입니다. 요즈음 우리나라 스님들뿐만 아니라, 일반인들도 이들 나라에 가서 위빠사나 수행을 하고 돌아와 명상센터를 열어 일반인들에게 위빠사나 수행법을 가르쳐 날로 인기를 끌고 있습니다.

위빠사나 수행은 신(身), 수(受), 심(心), 법(法)이라는 네 가지 대상에 대하여 어떤 군더더기도 붙이지 않고 사실 그대로, 있는 그대로 알아차리는 것입니다. 알아차림은 몸, 느낌, 마음, 법의 네 가지 대상을 '객관적으로 있는 그대로 반응하지 않고' 알아차리는 마음의 작용입니다. 그래서 수행자는 현재의 대상을 좋아하거나 싫어함 없이 선입견이나 고정관념 없이 붙잡거나 없애려하지 않고 사실 그대로 분명하게 알아차려야 합니다. 우리는 지금까지 대상을 볼 때 있는 그대로 보지 못하고, 자신이 경험한 정보를 바탕으로 보았습니다. 그래서 하나의 대상을 놓고 백 명이 보면 100개의 견해가 나옵니다.

알아차림을 할 때 수행자의 마음가짐이 중요합니다. 수행자의 마음이 편안하고 바른 마음가짐일 때만 바른 알아차림이 가능합니다. 만일 수행자가 좋은 현상을 바라거나, 싫은 현상을 없애려고 하면, 알아차림이 일어나지 않습니다. 이런 마음가짐은 수행자를 들뜨게 하고 불안하게 해서 대상을 있는 그대로 알아차릴 수 없게 합니다.

사념처 수행은 몸(身), 느낌(受), 마음(心), 법(法)이라는 네 가지 대상에 알아차림을 확립하는 것입니다. 이때 알아차릴 대상은 몸(身)과 마음(心)인데, 이 몸과 마음은 느낌(受)을 통해서 일어나고, 이것을 법(法)으로 알아차려서 직접 몸과 마음의 성품을 통찰하는 것입니다.

마음이 현재 몸에서 일어나는 물질적 현상을 알아차릴 대상으로 하면 신념처(身念處)이고, 마음이 현재 경험하는 좋고, 싫고, 덤덤한 느낌을 알아차릴 대상으로 하면 수념처(受念處)이며, 마음이 현재의 마음을 알아차릴 대상으로 하면 심념처(心念處)입니다. 그리고 마음이 지금 경험하는 대상을 알아차려서 대상의 생멸을 보면 법념처(法念處)가 됩니다.

사념처 중 첫 번째는 몸에 대한 알아차림을 확립하는 신념처입니다. 위빠사나 수행의 근거가 되는 『대념처경』에는 신념처 수행의 주제로 호흡, 몸의 자세, 분명한 앎, 몸의 혐오감에 대한 성찰, 사대에 대한 성찰 등을 언급하였습니다.

우리는 이중에서 좌선으로 호흡을 알아차리고, 경행으로 몸의 움직임을 알아차립니다. 그때 느낌으로 지수화풍 사대를 알아차리고 일상생활에서 몸의 자세와 분명한 앎을 하고 있습니다. 이것이 모두 신념처 수행의 대상입니다.

사념처 중 두 번째는 느낌에 대한 알아차림을 확립하는 수념처입니다. 마음은 느낌에 따라 좋은 것은 취하고 싫은 것은 없애려고 합니다. 이것은 대상을 내 입장에서 판단하고 반응한 것입니다. 만일 대상이 마음에 들고 사랑스럽고 매력적이고 유혹적이면, 바로 갈애와 집착이 일어나서 탐욕심으로 행위를 합니다. 그래서 좋은 느낌은 탐욕의 성향을 키웁니다. 만일 그것을 얻으면 내 것이라고 더욱 집착하며, 얻지 못하면 화를 냅니다. 또한 대상을 얻거나 얻지 못하거나 모두 괴로움의 원인이 됩니다.

또 싫은 대상을 만나면 그 대상을 없애려는 마음이 일어납니다. 그래서 싫은 느낌은 성냄의 성향을 키우며 없애려는 욕망이 일어납니다. 성냄은 그 자체가 괴로움이며, 대상이 없어지거나 없어지지 않거나 모두 괴로움의 원인이 됩니다.

또 어떤 대상을 만나면 좋지도 싫지도 않은 덤덤한 느낌이 일어납니다. 어떤 느낌은 있는지도 모릅니다. 그래서 덤덤한 느낌은 평소의 습관대로 반응을 하며 무지의 성향을 키웁니다. 그러므로 수념처는 어떤 느낌이 있든 지금 그 느낌을 있는 그대로 알아차리고, 이어서 그 느낌이 사라지는 것을 알아차려서, 느낌으로 인한 갈애와 사견에 의지하지 않고 지내야 합니다.

수행 중에 흔히 경험하는 통증, 망상, 졸음, 싫증, 의심은 즐겁거나 괴로운 느낌으로 나타납니다. 이런 현상은 장애이지만 수행자를 항상 따라다니는 법입니다. 그래서 알아차릴 대상입니다. 만일 수행자가 이들을 없애려고 하면 대상에 휘둘려 알아차림을 놓치지만, 이런 현상이 일어난 것을 알아차리면 오히려 수행을 도와주게 됩니다. 그래서 망상이나 통증을 알아차리고, 이어서 알아차림을 이어가면, 이것이 수행의 기초를 다지는 것입니다.

망상이나 통증이 있을 때, 먼저 그것을 알아차립니다. 그 다음 '지금 무슨 마음인가?' 하고 현재의 마음을 알아차립니다. 통증이 싫어서 생긴 못마땅한 마음을 알아차리거나, 망상 속에 들어있는 바라는 마음을 알아차리거나, 또는 망상한 것을 싫어한 마음을 알아차립니다. 이때 마음을 보고 반드시 몸으로 돌아옵니다. 통증이나 망상과 연계된 마음이 가슴이나 머리에 거친 느낌을 남기므로, 수행자는 그 느낌을 대상으로 잡아서 알아차려야 합니다. 처음의 거친 느낌이 점차 미세한 느낌으로 변화되어 덤덤해질 때까지 지속해서 느낌의 변화를 알아차립니다. 그래서 느낌이 사라지면 다시 현재의 주 대상인 호흡이나 몸의 움직임을 알아차리면서 알아차림을 이어갑니다.

망상이나 통증을 이런 방법으로 알아차리면 수행자는 알아차림을 유지할 수 있으며, 법들의 일어남과 사라짐을 볼 수 있습니다. 수행자가 매순간 경험하는 느낌은 모두 알아차릴 대상으로서 법, 즉 담마입니다. 어떤 느낌도 감각기관이 그 순간의 조건에 의해서 느낀 것일 뿐 내 느낌이라고 할 수 없습니다. 왜냐하면 모든 느낌은 일어난 순간 즉시 사라지기 때문에 실체가 없습니다. 이런 느낌의 성품을 보는 것이 느낌에 알아차림을 확립하는 수념처 수행입니다.

사념처 중 세 번째는 마음에 대한 알아차림을 확립하는 심념처입니다.

위빠사나 수행은 현재 자신의 몸과 마음에서 일어나는 정신적·물질적 현상을 있는 그대로 알아차려서 정신과 물질의 고유한 특성과 조건적 특성과 일반적 특성을 통찰하는 것입니다. 그러므로 위빠사나 수행의 대상은 신(身), 수(受), 심(心), 법(法) 네 가지입니다. 그중에서 심념처는 '현재의 마음'을 알아차릴 대상으로 합니다.

부처님께서는 『대념처경』에서 이렇게 말씀하셨습니다.

"비구들이여, 어떻게 비구가 마음에서 마음을 알아차리는 수행을 하면서 지내는가? 비구들이여, 여기 비구는 탐욕이 있는 마음을 탐욕이 있는 마음이라고 안다. 성냄이 있는 마음을 성냄이 있는 마음이라고 안다. 성냄이 없는 마음을 성냄이 없는 마음이라고 안다. 어리석음이 있는 마음을 어리석음이 있는 마음이라고 안다. 위축된 마음을 위축된 마음이라고 안다. 산만한 마음을 산만한 마음이라고 안다. 커진 마음을 커진 마음이라고 안다. 커지지 않은 마음을 커지지 않은 마음이라고 안다. 향상될 수 있는 마음을 향상될 수 있는 마음이라고 안다. 더 이상 향상될 수 없는 마음을 더 이상 향상될 수 없는 마음이라고 안다. 집중된 마음을 집중된 마음이라고 안다. 집중되지 않은 마음을 집중되지 않은 마음이라고 안다. 자유로워진 마음을 자유로워진 마음이라고 안다. 자유로워지지 않은 마음을 자유로워지지 않은 마음이라고 안다.

이와 같이 그는 마음에서 마음을 안으로 알아차리는 수행을 하면서 지낸다. 혹은 마음에서 마음을 밖으로 알아차리는 수행을 하면서 지낸다. 혹은 마음에서 마음을 안팎으로 알아차리는 수행을 하면서 지낸다. 그는 마음이 일어나는 현상을 알아차리는 수행을 하면서 지낸다. 혹은 마음이 사라지는 현상을 알아차리는 수행을 하면서 지낸다. 혹은 마음이 일어나고 사라지는 현상을 알아차리는 수행을 하면서 지낸다. 그는 단지 마음이 있다는 알아차림을 확립할 때까지 마음의 현상들에 대한 분명한 앎과 알아차림을 확립하고 유지한다. 그는 갈애와 잘못된 견해에 의지하지 않고 지낸다. 그는 세상에서 아무것도 집착하지 않는다. 비구들이여, 이와 같이 비구는 마음에서 마음을 알아차리는 수행을 하면서 지낸다."

부처님께서는 마음을 알아차릴 때 아주 단순하게 지금 있는 마음을 그대로 알아차릴 것만을 말씀하셨습니다. 이 가르침은 탐욕이 있을 때 그 마음을 사실대로 알아차리기만 하지, 그 마음을 없애려는 새로운 욕망을 내지 말라는 뜻입니다. 이미 탐욕의 마음은 그것을 알아차린 마음에 의해 사라지고, 지금은 탐욕을 알아차린 마음이 있기 때문에 이전의 마음인 탐욕을 없애려고 할 필요가 없습니다.

이처럼 수행자가 어떤 마음이든지 알아차리면 그 마음은 이미 사라지고, 그것을 알아차린 새로운 마음이 있기 때문에 수행자는 단순하게 현재의 마음을 있는 그대로 알아차리기만 하면 됩니다. 또한 탐욕이 없는 마음은 탐욕이 없는 마음이라고 알기만 하지, 그 마음을 내 마음으로 집착하지 말라는 것입니다. 그런데 탐욕이 없을 때 그 마음을 알아차리지 않으면, 탐욕이 없는 마음을 내 마음이라고 집착하게 됩니다. 그래서 선한 마음도 반드시 알아차려서 그 마음의 소멸을 보아야 합니다. 이것이 마음을 알아차리고 알아차림을 이어가면서 계속 선한 마음이 일게 하는 원리입니다.

그런데 우리는 찰나를 보지 못하기 때문에, 탐욕의 마음이나 관용의 마음이 있을 때, 그 마음이 조건에 의해 일어났다 사라진 마음으로 보지 못하고 내 마음이라고 집착합니다. 그래서 탐욕은 없애려고 새로운 욕망을 내고, 관용은 좋은 마음이니 내 마음이라고 집착하여 아만심과 유신견(有身見)을 키웁니다. 그래서 마음을 알아차리고 알아차림을 이어가지 못하면, 어느새 현재의 마음을 내 마음으로 붙잡아 불선심으로 행동하게 됩니다.

그러므로 수행자는 부처님 가르침대로 단순하게 '지금 탐욕이 있네!'라고, 또는 '지금 관용이 없네!'라고 사실대로 알아차리기만 하고, 즉시 몸으로 돌아와 알아차림을 이어가야 합니다.

마음은 반드시 육근(六根), 육경(六境), 육식(六識)의 접촉에 의해 일어났다가 사라집니다. 그래서 마음의 수명은 한 찰나입니다. 수행자가 마음을 알아차리면 그 마음이 생멸하는 것을 봅니다. 이처럼 단순하게 알아차리면 마음은 단지 조건에 의해 생멸하는 정신적 현상일 뿐, 이것을 내 마음이라고 할 수 없다는 것을 알게 됩니다.

이렇게 마음을 알아차려 마음의 특성을 보면, 그동안 내 몸과 내 마음이라고 집착했던 유신견(有身見)을 깰 수 있습니다. 그러면 지금 부딪히는 대상에서 일어난 자신의 느낌과 생각에 속아 새로운 불선심(不善心)을 일으키지 않습니다.

그러나 마음은 물질이 아니어서 물질을 보는 것처럼 알아차리기가 쉽지 않습니다. 또 지금까지 마음을 알아차려 본 적이 없기 때문에 마음을 알아차리려는 의도를 내기도 어렵습니다. 또 마음을 알아차린다는 것은 느껴서 아는 것인데, 마음을 형상이 있는 물질을 보듯이 보려고 합니다.

이렇게 마음을 눈으로 보려고 하기 때문에 마음을 알아차리기가 어렵습니다. 그러므로 비물질인 마음을 대상으로 알아차릴 수 있을 만큼, 알아차림의 힘과 집중력이 있어야 마음을 알아차릴 수 있습니다. 그러기 위해 수행자는 처음부터 마음을 알아차리려고 하기보다, 우선 몸을 알아차리는 신념처 수행을 열심히 해야 합니다. 어느 정도 알아차리는 힘과 집중력이 생기면, 현재의 좋거나 싫은 느낌을 대상으로 알아차리는 수념처 수행을 합니다.

계속 현재의 느낌, 기분, 생각, 행동 등을 알아차리다가 보면 현재의 감정이나 행동에서 그것과 연계된 마음이 느껴져서 마음을 알아차릴 수 있습니다. 이처럼 처음에는 신념처, 수념처 수행을 하다가 점차 마음이 마음을 대상으로 알아차리는 심념처 수행을 합니다.

사념처 중 네 번째 법에 대한 알아차림을 확립하는 법념처입니다. 법은 팔리어로 담마 dhamma이며, 법념처 법에 대한 알아차림을 확립하는 것입니다.

법에는 두 가지가 있습니다. 담마Dhamma와 담마dhamma입니다. 대문자로 시작되는 담마Dhamma는 진리, 붓다의 말씀, 붓다의 가르침입니다. 불교는 존재의 속성을 있는 그대로 보는 눈을 얻는 지혜의 가르침입니다. 존재의 속성은 연기, 삼법인, 사성제이며, 이것이 대문자 담마Dhamma입니다.

소문자로 시작되는 담마dhamma는 알아차림 대상입니다. 지금 여기에서 직접 경험하는 것으로 정신적 · 물질적 현상이며, 이것은 관념이 아닌 실재입니다. 바로 마음, 마음의 작용, 물질이 담마입니다. 알아차릴 대상의 담마는 모두 고유한 특성, 조건적 특성, 보편적 특성을 가지고 있습니다. 제법무아(諸法無我)에서 법은 알아차릴 대상의 법이고, 모든 알아차릴 대상에는 실체가 없다는 무아(無我)를 말하는 것입니다.

결국 대상의 법을 알아차리면 진리의 법이 드러납니다. 법념처는 지금 여기에서 경험하는 대상의 법에 알아차림을 확립하여, 모든 법의 보편적 성품인 무상, 고, 무아의 진리의 법을 직접 통찰하는 것입니다.

『대념처경』에서 법념처의 한 수행주제가 끝날 때마다 "이와 같이 그는 법에서 법을 안으로 알아차리는 수행을 하면서 지낸다. 혹은 법에서 법을 밖으로 알아차리는 수행을 하면서 지낸다. 혹은 법에서 법을 안팎으로 알아차리는 수행을 하면서 지낸다." 라고 나옵니다. 다시 말하면 수행자는 알아차릴 대상의 담마 dhamma의 법에서 진리의 담마Dhamma를 확립하면서 지낸다는 뜻입니다. 이것이 법에 대한 알아차림을 확립하는 법념처의 의미입니다. 수행자가 경험하는 모든 현상을 단지 알아차림 대상으로 보는 법념처는 모든 법이 원인과 결과로 생멸할 뿐, 실체가 없다는 바른 견해를 일으킵니다. 바로 법의 무상, 고, 무아의 성품을 통찰하고, 어떤 법도 집착하지 않는 힘이 생기는 것이 법념처입니다.

수행자가 지금 경험하는 것을 괴로움이라고 정확하게 이해하고, 괴로움의 원인인 무명과 갈애를 끊으면, 괴로움이 완전히 소멸한 열반을 증득하는데, 여기에서 반드시 괴로움을 소멸하는 길인 팔정도를 닦는 위빠사나 수행을 해야 합니다.

진리는 보편타당성을 생명으로 합니다. 진리라면 시공을 초월하여 언제 어디에서라도 적용할 수 있어야 합니다. 만일 어떤 진리가 한 시대, 한 계급에만 적용된다면, 그런 것을 진리라고 할 수 없습니다. 이런 측면에서 볼 때, 불교의 팔정도는 시공을 초월하여 언제 어디서나 적용할 수 있는 진리의 성품을 갖추고 있습니다. 우리들 누구에게나 괴로움이 있으며, 이 괴로움을 팔정도를 실천하는 위빠사나 수행으로 소멸할 수 있기 때문에, 이 수행은 번뇌를 가지고 사는 모든 사람들과 함께 공유할 수 있는 완벽한 진리입니다.

부처님께서 초기 불전에서 사마타와 위빠사나를 이렇게 정의를 내리셨습니다. 『영지(靈知)의 일부경』에서 부처님께서는 분명히 삼매[定]와 연결짓고, 위빠사나를 통찰지[慧]와 연결 지으셨습니다. 그리고 삼매는 욕망을 극복하는 수행이고, 통찰지는 무명을 극복하는 수행이라고 밝혔습니다. 사마타에서 가장 중요한 것은 수행 주제를 어떤 것으로 삼느냐 하는 것입니다. 사마타에서 수행 주제를 크게 나누면, 모양[相], 이미지[想], 관념(觀念)이 있습니다.

첫 번째로 모양[相]을 주제로 하는 것은 표상이라는 대상에 집중하여 삼매를 계발하는 수행법으로, 마음과 대상이 온전히 하나가 되게 하여 떨림이나 동요가 그치어, 밝고 맑고 고요한 상태를 유지하게 합니다. 초기 불교에서 많이 언급된 수행법입니다. 코끝을 관(觀)하기, 벽에 한 점을 그려놓고 그 모양을 관하기, 또는 들숨과 날숨을 할 때 다만 아랫배의 볼록함과 커짐의 표상에 집중하는 것입니다.

경전을 읽을 때, 기도를 할 때, 염불이나 절을 할 때, 마음을 대상의 모양에 집중하면 마음을 안정시키는 사마타 수행이고, 이때 몸에서 느껴지는 감각, 마음, 마음의 작용들을 알아차리면 실재를 알아차리는 위빠사나 수행이 됩니다. 표상에 집중하여 얻어진 삼매는 마음과 대상이 온전히 하나가 된 상태로, 밝고 맑은 고요함에 억눌려 탐진치가 드러나지 않고 잠복되어 있을 뿐, 삼매에서 나오면 다시 탐진치의 영향을 받습니다. 이러한 상태를 초기 경전에서는 일시적인 해탈이라고 말했습니다.

표상을 주제로 하는 사마타 수행은 마음을 안정시켜 위빠사나를 할 수 있는 토대가 되고, 위빠사나는 알아차림으로 지혜를 성숙시켜 번뇌를 소멸하기 때문에, 이 둘을 함께 수행합니다.

두 번째로 이미지인 상(想)을 주제로 하는 사마타 수행에는 자비관(慈悲觀)과 무상관(無常觀)이 있습니다.

자비관법은 불보살이 중생을 측은히 여기고 불쌍히 여기며

동정하는 마음으로 사랑과 측은심을 일으키듯, 나 자신이 스스로 항상 아주 작은 미물에게까지도 자비의 마음을 일으키어, 내 마음의 분노와 원망심을 없애는 관법입니다. 남을 사랑하고 배려하는 마음의 에너지에 집중해야 하며, 알아차림이 없이는 수행이 이루어지지 않습니다.

무상관법은 이 몸뿐만이 아니라 온갖 것들이 변해가며 조금도 머물러 있지 않는, 아무것도 정지하지 않는, 고정되어 있지 않는, 언젠가는 없어지는, 헛되고 덧없는, 영구히 존속하지 않는 것을 관하여 집착과 갈애에서 벗어나는 수행법입니다. 이 몸은 무상하여 잠시도 멈추지 않고 변형하여 늙고 병들어 죽어간다, 이 몸도 이슬 같고 환 같고 물거품 같거늘 꿈속의 꿈에 지나지 않는 재산, 명예, 사랑, 권리가 무슨 소용이 있는가? 마음을 무상함에 두어 집중하는 것입니다.

태국, 미얀마 등지의 무상관 수행을 하는 사찰을 찾아가 명상센터에 들어가면 깜짝 놀랄 만한 것을 볼 수 있습니다. 유리관 속에 사람의 백골을 모셔 놓았습니다. 어찌하여 여기에 사람 유골을 모셔 놓았느냐고 물으면 이렇게 대답합니다. "신심이 돈독한 불자가 무상관을 수행하는 수행자들을 위하여 자신의 육신을 바친 것입니다. 사찰에서는 그런 시신 기증을 아무나 받아주는 것이 아니라 시주를 많이 하고 사찰에 공이 커야 받아줍니다."

불자가 육신을 바치면 사찰에서 육신을 큰 가마솥에 넣고 여러 시간 고운 뒤 살이 문드러지면 뼈를 추리어 유리관에 모신다고 합니다. 부처님 당시에도 무상관을 행하는 수행자는 공동묘지나 화장터에서 좌선을 했습니다.

지구상에 가장 오래된 명상의 주제는 '옴'입니다. 인도의 요가 수행자들은 부처님이 출현하기 오래 전부터 '옴' 명상법으로 마음 집중 수행을 해왔습니다.

'옴'은 우주의 생명 근원 에너지가 응집된 것이며, 옴(aum) 오우음 하는 소리는 우주가 돌아가는 소리라고 합니다. 옴 명상법은 동쪽을 향하여 앉아 공기를 들이마시며 우주의 근본 생명의 에너지인 옴의 원기가 호흡을 통하여 들어온다는 것을 관념(觀念)합니다.

우주의 에너지는 자력(磁力)을 갖고 있기 때문에 우리가 어떤 생각을 갖느냐에 따라 그 생각에 관련된 에너지가 따라옵니다. 우리가 어둡고 부정적인 생각을 갖고 있으면, 우리에게 어둡고 부정적인 에너지가 들어와서 나쁜 일만 일어납니다. 긍정적인 생각을 일으키면 우주는 또 그것과 같은 긍정적인 에너지를 우리에게 보내 좋은 일이 생기게 합니다. 이렇게 긍정적인 생각으로 들이킨 옴의 생기를 아랫배로 보내는 동시에 아랫배에 힘을 넣어 복압을 높여갑니다. 아랫배에 힘이 들어가면 숨을 멈추고 우주의 원기인 옴의 기운이 아랫배에 충만하였다는 것을 굳게 믿고 마음을 집중합니다.

무리가 가지 않는 범위 내에서 호흡을 멈추는 시간을 길게 할수록 좋지만, 체력과 능력을 고려해야 합니다. 숨을 내쉴 때는 천천히 코로 내쉬며, 이번에는 될 수 있는 한, 아랫배를 수축시킵니다. 아랫배가 등에 붙을 만큼 모든 공기를 내뱉습니다. 이런 동작을 꾸준히 반복하면 하복부가 부드러워지고 팽창과 수축의 진폭이 커지며, 폐활량이 커지고 뱃속의 장기와 혈관의 탄력성이 좋아집니다. 우주의 원기인 옴의 기운이 체내로 들어와서 강력한 생명력이 되어, 신체의 모든 기관과 모든 세포를 활발하게 활동시키게 됩니다. 또한 뱃속의 침강(沉降)된 혈액이 심장으로 다시 흘러들어감으로써 전신으로 혈액의 흐름이 활발해져서, 몸 안의 나쁜 기운이 밖으로 빠져나가게 됩니다. 이와 같은 방법으로 하루에 10분 정도씩을 네 번 합니다.

사마타 선에서 관념(觀念)을 주제로 하는 수행법은 관세음보살의 이근원통(耳根圓通), 간화선의 화두의정(話頭疑情)입니다.

관세음보살 이근원통 수행법은 『수능엄경』에서 부처님께서 물으신 "18계(界)에서 어느 것이 원통(圓通)한 것이며, 무슨 방편으로 삼매에 들어갔느냐?"에 대한 관세음보살이 대답한 수행법입니다. "제가 스스로 음성을 따르지 않고 관(觀)하는 것을 돌이켜 관(觀)하여 원통을 얻었기 때문에, 사바세계의 모든 고뇌하는 중생들로 하여금 나와 같이 그 음성을 관(觀)하게 하여 해탈을 얻게 하겠습니다."

'음성을 따르지 않는다'는 뜻은 소리라는 경계에 끄달리지 않고 음성을 듣는 성품을 돌이켜 관하여, 듣는 성품에 마음을 집중하여 삼매에 들어 자성을 깨닫는 수행법입니다.

우리나라 전국 선원에서 수행하는 간화선은 화두를 주제로 삼은 사마타 수행법입니다. 간화선은 사마타 선의 극치로서 석가모니 부처님 이래 인도와 중국을 거치면서, 자성을 깨달은 여러 참선법 가운데 가장 발달된 수행법이며, 부처와 조사께서 이르신 한 마디 말이나 한 순간에 보이신 짧은 행위 끝에 백억 가지 법문을 뛰어넘어 바로 깨달음에 이르게 합니다. 이치와 뜻과 마음과 말길이 끊어져, 아무런 맛도 없고 만질 수도 없는 곳에서 칠통 같은 어둠을 쳐부수어, 깨달음을 얻어 무심(無心)을 증득하게 합니다. 다양한 우회의 방편을 다 끊어버리고 근원으로 바로 가는 가장 빠르고 간편한 지름길인 만큼, 길이 가파르고 험하기 때문에 상근기(上根機)가 아니면 접근하기 힘듭니다.

한 스님이 조주 선사에게 "개에게도 불성이 있습니까, 없습니까?"라고 물었습니다. 조주 선사 답하되 "없다(無)!"라고 하셨습니다. 부처님께서는 "일체 중생이 다 불성이 있다."고 하셨습니다. 그런데 조주 선사께서는 어째서 '없다'라고 하셨을까! '없다'고 하신 조주 선사의 말씀 가운데 숨은 뜻을 알아내야 합니다. 여기서 '없다'는 화두(話頭)가 되고, 숨은 뜻은 의정(疑情)입니다. 수행자는 이 화두를 통하여 의정을 키워 나가야 합니다. 큰 의심에서 큰 깨달음이 있습니다.

화두는 중생들의 사량분별심으로는 알 수 없습니다. 왜냐하면 선사의 말씀은 사량분별심이 끊어진 무심에서 나온 것이기 때문입니다. 학인의 마음이 사량분별심이 끊어져야 선사의 무심에 계합이 되기 때문입니다. 그래서 간화선을 참구하는 수행자는 사량심을 버리고, 다만 화두 속에 숨은 선사들의 말뜻을 참구하고 참구해 의정을 키워 나가야 합니다. 이 화두의정이 간절해져서 앉고, 서고, 가고, 오고, 밥 먹고, 차 마실 때도 끊임없이 이어지면, 꿈속에서도 이어지게 됩니다. 더욱 열심히 정진하면 화두의정 삼매에 들어 목석과 같게 됩니다. 이렇게 될 때 제팔아뢰야식의 무명이 조복되며 깨달음이 가까워지게 됩니다.

이때 선지식이 보이신 한 행위나 말 한 마디 또는 주위에서 일어날 수 있는 평범한 경계에 부딪혀 홀연히 화두의정이 깨지면서 본 성품인 진여자성을 깨닫게 됩니다. 이때 수행자는 마치 전류에 감전되듯 강한 전율을 느끼고, 법희선열(法喜禪悅)에 온몸이 떨리며 땀에 흠뻑 젖을 수가 있습니다. 깨닫는다는 것은 육식 칠식 팔식이 뒤바뀌어 범부가 성인이 되는 순간입니다. 간화선에서 천 가지가 넘은 화두가 있으나, 하나의 화두를 깨달으면 남은 화두도 모두 깨닫게 됩니다. 왜냐하면 사량심이 끊겨 무심을 증득하게 되면 학인의 마음이 선사의 마음과 일치하기 때문입니다.

사마타 수행은 집중입니다. 집중에는 바른 집중과 삿된 집중이 있습니다. 바른 집중은 수행 주제인 모양[相]이나 이미지가 내재된 상(想) 그리고 관념(觀念)에 집중하는 것입니다. 삿된 집중은 감각적 쾌락의 대상에 집중하는 것입니다. 그리고 집중에는 근접 집중, 찰나 집중이 있습니다. 사마타의 모양[相], 이미지 상(想), 념(念)을 관하는 관념(觀念)은 근접 집중과 근본 집중이지만, 위빠사나는 찰나 집중입니다. 사마타는 한 번 주제를 정하면 바꾸지 않고 그 주제에 계속해서 집중하지만, 위빠사나는 순간순간 주제를 바꾸어 알아차리며 집중하기 때문에 찰나 집중이라고 합니다.

위빠사나 사념처(四念處) 수행 중 신념처(身念處) 수행은 몸의 움직임을 알아차리며 집중합니다. 앉으면 앉은 모습, 걸으면 걷는 모습을 알아차리며 그 모습에 집중합니다.

수념처(受念處) 수행은 눈, 귀, 코, 혀, 몸으로 바깥 경계의 형색, 소리, 냄새, 맛, 촉감을 받아들이면서 그때그때의 느낌에 집중합니다. 심념처(心念處) 수행은 수념처로 받아들인 느낌으로 일어나는 마음을 알아차리며, 좋으면 즐거움, 나쁘면 괴로움, 좋지도 않고 나쁘지도 않으면 덤덤함에 집중합니다.

법념처(法念處) 수행은 즐거움, 괴로움, 덤덤함을 알아차리는 그 마음을 알아차리며, 그 알아차림에 집중합니다.

이렇게 순간순간 집중하는 주제가 바뀌므로 찰나 집중입니다. 찰나 집중에는 출세간적 찰나 집중과 세간적 찰나 집중이 있습니다. 위빠사나는 출세간 찰나 집중입니다. 세간적 찰나 집중에서는 여러 분야가 있습니다. 음악, 미술, 체육, 과학, 문학 등입니다.

예를 들자면, 큰 무대에서 연주하는 오케스트라 단원들은 각자 자기가 연주하는 악보에 집중합니다. 때로는 피아니스트나 바이올린을 연주하는 연주자가 악보를 보지 않고 긴 시간을 연주할 때가 있습니다. 그때 연주자는 눈을 감고 음악에 취하여 신들린 사람처럼 연주를 합니다. 그때 그들의 머릿속에는 악보가 그려져 눈앞을 지나갑니다. 때때로 오륙십 명의 단원을 지휘하는 오케스트라 지휘자가 악보를 보지 않고 지휘하는 장면을 볼 때가 있습니다. 지휘자는 눈을 감고 악기에 따라 다른 악보들을 머릿속 눈앞에 떠올리며 연주자들의 연주소리에 집중합니다. 이때 단원 중 누가 틀리게 연주하는지를 고도의 집중력으로 찾아냅니다.

이러한 고도의 집중력은 이식(耳識)을 밝고 맑게 하여 유정(有情), 무정(無情)의 소리를 들을 수 있게 합니다. 세계적인 작곡가들은 고도로 발달된 이식(耳識)으로 유정, 무정의 소리를 듣고 그 감정을 악보에 옮기곤 합니다.

사마타에도 출세간적 집중과 세간적 집중이 있습니다. 출세간적 집중은 열반을 증득하기 위한 목적으로 수행자가 수행 주제에 집중하는 것이고, 세간적 집중은 어느 분야에 목적을 달성하기 위하여 그 분야에 집중하는 것입니다.

양궁 선수 서향순은 광주 출신으로 만 17세의 여고 재학

중에 국가대표로 선발되어, 1984년 미국 LA 하계 올림픽에 참가하여 대한민국 여자 선수로는 최초로 올림픽 양궁에서 금메달을 획득, 돌풍을 일으켰습니다. 당시 대선배인 김진호는 세계양궁 국제대회에서 최고의 성적을 올려 5년 동안 세계양궁 랭킹 1위를 차지하고 있었던 터라, 대한민국 국민들은 김진호에게 큰 기대를 걸고 있었습니다. 그러나 그녀는 시합 당시 국민들의 기대에 심적 부담을 느꼈는지 마음이 흔들리어, 두 발이나 0점을 쏘아 동메달에 그쳤습니다.

올림픽이 끝나고 KBS TV 아침마당 프로그램에서 서향순을 초대 손님으로 청하였습니다. 그때 사회자가 물었습니다. "국제대회 출전 경험이 전혀 없는 어린 여고생이 그것도 올림픽이라는 큰 대회에서 우리나라 최초로 여자 양궁에서 금메달을 땄습니다. 어떻게 이처럼 큰 대회에서 조금도 떨림이 없이 당당하게 활시위를 당기어 쏠 수 있었는지, 그 비결이 알고 싶습니다."

그때 그녀는 이렇게 대답했습니다. "앉으나 서나 밥 먹을 때나 무엇을 할 때에도 과녁을 향하여 활시위를 당기는 감각이 놓쳐지지를 않았습니다. 잠자는 동안 꿈속에서도 활 쏘는 꿈을 꾸었습니다."

나는 그 말을 듣는 순간 "아!" 하고 감탄하였습니다. "바로 저거다!" 그녀는 하루 24시간 활시위를 당기는 감각을 놓치지 않았습니다. 그녀는 하나의 주제에 집중하는 불교의 사마타 선 수행을 하고 있었던 것입니다. 누구에게도 배운 바가 없는데,

스스로 자연스럽게 이루어진 것입니다. 아마 지금도 그것이 불교의 사마타 수행인 줄을 알지 못하고 있을 것입니다.

올림픽 시합장에 나가서는 규정상 2분 30초 동안 세 발의 화살을 쏘아야 하는데, 그녀는 1분 30초 동안 화살을 쏘지도 않고 활을 들고 땅만 바라보고 있다가 남은 시간 1분 동안에 세 발을 연거푸 쏘았던 것입니다. 이 광경을 바라보고 있던 감독과 코치 그리고 응원하는 교포들은 가슴을 조였습니다. 그녀는 평상시 늘 집중하던 그 감각이 뚜렷해지기를 기다리어 감각이 확연해질 때 화살을 쏘았던 것입니다.

세간적 집중에는 잘못된 편협성(偏狹性) 집중과 집착성(執着性) 집중이 있습니다. 편협성 집중은 어느 한 가지에 지나치게 치우쳐 집중함으로써, 여러 사물을 살필 줄 모르므로 자폐증을 유발하게 됩니다. 그래서 자폐증 환자 중에는 예술이나 과학, 수학 등 어떤 한 분야에 뛰어난 천재성을 가진 사람들이 있습니다. 세계적인 음악가, 화가, 문학가들 중에는 성격이 괴팍하여 일반인들과 어울리지 못한 천재들이 있었습니다.

천재적인 물리학자 아인슈타인은 바이올린을 즐겨 켰습니다. 그는 연구실에서 연구하다가 문제가 풀리지 않으면 모든 것을 다 놓아버리고 바이올린을 연주하였습니다. 연구실에서 골똘히 연구하다 보면, 뇌는 극도로 피로해지게 마련입니다. 이때 모든 생각을 놓아버리고 바이올린을 켜다보면, 극도로 피로한 뇌가 즐거운 음악으로 인하여 좋은 호르몬을 분비하게 되어 뇌세포가

활성화됩니다. 그리고 나서 다시 연구실에 들어가면 풀리지 않던 문제가 쉽게 풀리곤 하였던 것입니다. 그래서 과학자, 수학자 등 어느 분야에서 연구하는 학자들은 음악, 미술, 스포츠 등의 취미활동을 겸하면, 전공 분야에서 성공할 확률이 높아집니다.

집착성 집중은 도박, 도벽, 스토커 같은 병적인 집착으로, 무서운 과보를 가져오는 집중입니다. 탐욕에 의한 잘못된 집중에 빠져 현실감각을 잃어버리는 것입니다.

지구촌의 생명체들은 살아남기 위하여 생명체의 어느 한 부분이 특별히 발달되어 집중력을 발휘합니다. 식물도 그런 부분이 있습니다만, 동물은 더 뚜렷합니다.

하늘을 나는 맹금류인 매나 독수리는 지상에 있는 먹잇감을 찾기 위하여 눈에다 집중력을 키웠기 때문에, 지구상의 어느 동물들보다 시력이 뛰어납니다. 북방 올빼미는 겨울철에 살아남기 위하여 먹이 활동을 하는데, 주된 먹이가 들쥐입니다. 하지만 눈이 두텁게 쌓이면 눈으로는 볼 수 없습니다. 그렇지만 뛰어난 청각으로 100미터 떨어진 곳의 60센티미터 두께로 쌓인 눈 밑에서 들쥐들이 움직이는 소리를 들을 수 있다고 합니다.

다큐멘터리 동물의 왕국을 보면, 아프리카 개과 동물들은 수 킬로미터 떨어진 곳에 있는 동물 사체의 냄새를 맡고 찾아갑니다. 그들에게는 발달된 후각이 있기 때문입니다. 뱀은 두 개로 갈라진 혀로 주위의 모든 정보를 알아차리고, 카멜레온은 피부

감각이 발달하여 주위의 환경에 따라 몸 색을 바꾸어 적을 피하거나 먹잇감을 속입니다.

사람은 안이비설신의(眼·耳·鼻·舌·身·意) 육근 중 의근(意根)인 뇌가 지구상 어떤 동물보다 발달되어 있습니다. 사람은 끊임없이 뇌를 굴리어 지구를 지배하려고 하고 있습니다. 그래서 지구상의 어떤 동물보다 체중에 비하여 큰 뇌를 가지고 있습니다. 뇌는 안이비설신 오근을 다스리는 사령탑으로서, 오근을 잘 다스려 바른 집중을 키우면 열반을 증득하여 대해탈을 얻을 수 있지만, 잘못된 집중에 빠지면 무한 고통을 받는 악도에 떨어집니다.

10분간 쉬었다가 입선(入禪)을 하겠습니다.

제3강
사마타 선 수행의 근거가 되는 경전

사마타 선 수행의 근거가 되는 경전은 『수능엄경』(首楞嚴經)이다. 『수능엄경』에서 부처님께서는 "너희들 보살과 아라한들이 나의 불법 가운데서 더 배울 것 없음을 이루었나니, 너희들이 처음에 발심하고 깨달을 적에 18계(界)에서 어느 것이 원통(圓通)한 것이며, 무슨 방편으로 삼매에 들어갔느냐?"라고 물으셨다. 이때 보살과 아라한 25분이 차례로 나와 삼매를 얻어 원통에 들어간 방편을 말하였다. 그때 마지막으로 관세음보살이 나와 부처님께 아뢰었다. "제가 스스로 음성을 따르지 않고 관(觀)하는 것을 돌이켜 관(觀)하여 원통을 얻었기 때문에 시방의 모든 고뇌하는 중생들로 하여금 나와 같이 그 음성을 관(觀)하게 하여 해탈을 얻게 하겠습니다."

경의 이름인 수능엄(首楞嚴)이란 인도의 산스크리트어 '수랑

가마'(sūraṁgama)의 음역입니다. 우리말로 해석하자면 일체 모든 법이 구경(究竟)이며 밀인(密因)인 여래장(如來藏)이란 뜻입니다.

부처님께서 코살라국 수도인 실라벌성(사위성) 급고독원에 있는 기원정사에 계실 때의 일입니다. 그때 부처님의 사촌동생인 아난이 시자로 부처님 곁에서 시봉을 하고 있었습니다. 아난은 8세에 출가하여 부처님께서 깨달음을 얻은 지 20년 후 여러 제자들 중에서 시자로 선출되어 부처님 열반 때까지 모셨습니다. 그는 잘생긴 미남이었으며, 총명하여 한 번 들은 설법은 녹음기처럼 모두 다 기억하는 능력을 갖고 있었습니다.

아난은 많이 듣고 많이 아는 것을 도(道)로 삼고 선정을 닦는 것에는 게을렀습니다. 이런 아난을 누구보다도 잘 아시는 부처님께서는 아난을 일깨워 주려고 하셨습니다만, 아난의 아집이 워낙 강하므로 몇 마디 말로는 그의 아집을 깰 수가 없었습니다. 그리하여 때가 오기를 기다렸습니다. 그러던 중 코살라국의 파사익 왕이 그 부왕을 위하여 제삿날에 재(齋)를 지내려고 부처님과 제자들을 궁궐 안으로 청하여 직접 부처님을 영접하였습니다. 그리고 가지가지 진수성찬으로 최상의 음식을 차렸으며, 아울러 여러 대보살들도 친히 맞아들였습니다.

하지만 아난은 시주로부터 별청을 받고 멀리 나가 돌아오지 못하여, 대중이 함께하는 공양청에 참여하지 못하였습니다. 그때

50

아난은 혼자 돌아오고 있었습니다. 수행자가 멀리 나가게 되었을 때에는 반드시 세 사람 이상이 되어야 합니다. 이는 사문으로서의 수행을 엄정하게 하여 잘못되는 것을 미연에 방지하기 위함입니다. 그러나 부처님께서는 아난을 제도하기 위하여 특별히 혼자 외출하도록 허락하신 것입니다.

아난은 공양 때가 되자 발우를 들고 성안으로 들어가 차제걸식을 하려고 하였습니다. 이때 마음속으로 "아직 수행자에게 보시를 해보지 못한 자를 구하여 재주(齋主)를 삼되, 신분을 묻지 않으리라. 아무리 비천한 자라도 가리지 않고 평등하게 자비를 행하여 일체중생에게 무량한 공덕을 짓도록 하리라." 하고 생각하였습니다.

아난은 평상시 수보리 존자와 가섭 존자에게 이런 불만이 있었습니다. "수보리 존자는 가난한 집엔 음식이 부족하니 부담을 주지 않으려고 부잣집만 찾아가고, 가섭 존자는 가난한 사람은 전생에 복을 못 지어서 금생에 가난보를 받으니 복을 짓도록 가난한 집만 찾아가 걸식을 한다. 이것은 차별심을 두는 것이므로 잘못된 것이다. 그리고 수행승들은 짐승을 잡아 죽여서 고기를 파는 푸줏간과 몸을 파는 창녀촌과 술을 파는 주막거리에서는 걸식을 하지 않는다. 이것 또한 잘못이다. 찰제리나 전다라 같은 천민들은 언제 불연을 맺게 할 것이며, 공덕을 짓는 기회를 줄 수 있겠는가. 오늘은 아무도 날 방해하는 자가 없으니 수행승들이 가지 않는 곳에 가서 걸식을 하리라."

이런 생각으로 창녀촌에 들어갔습니다. 이때 마등가족의 창녀의 딸 발길제가 아난을 보고는 한눈에 반하였습니다. 창녀촌에는 수행자가 온 적이 없는데, 젊고 잘 생긴 아난을 본 순간, 가슴이 두근거리며 어떻게 하든지 사랑을 나누고 싶어졌습니다. 그리하여 엄마에게 남자를 유혹하는 주문을 가르쳐 달라고 하였습니다. 그러자 그녀의 엄마는 딸에게 사비가라의 선법천(先梵天)의 주문을 가르쳐주었습니다. 그러자 그녀는 일심으로 주문을 외웠습니다. 그러자 아난은 정신이 혼미해지기 시작하였습니다. 꿈속을 헤매는 것 같았습니다. 아무리 정신을 가다듬으려고 해도 더욱더 혼미해져서 자제력을 잃고 말았습니다. 아난이 자제력을 잃고 헤매는 것을 본 발길제는 더욱 열심히 주문을 외워, 으슥한 방으로 유인하여 음란한 몸으로 만지고 비비면서 아난과 음행을 하려고 하였습니다.

이때 공양을 마치신 부처님께서는 천안통으로 아난이 마등가의 딸 발길제의 음술(姪術)에 붙들리어 계(戒)를 파하게 됨을 아시었습니다. 그리하여 정수리에서 광명을 놓으시며 문수보살에게 능엄다라니를 설하시면서 이 능엄다라니로 아난을 구하여 오라고 하셨습니다. 이리하여 문수보살이 능엄다라니의 신력으로 발가벗은 아난과 발길제를 그 모습 그대로 들어다가 부처님과 비구 대중들, 그리고 왕과 대신들이 모인 앞에 내려놓았습니다.

52

그제서야 음술에 걸려 꿈속을 헤매던 아난이 깨어나 정신이 들었습니다. 정신을 차린 아난은 발가벗은 자기의 모습과, 자기를 바라보고 있는 부처님과 사부대중들을 알아차리고, 당황스럽고 부끄러움에 어찌할 바를 몰랐습니다.

아난은 부처님 발에 이마를 대고 이렇게 말하였습니다. "무시이래(無始以來)로 한결같이 많이 듣고 외워 아는 것으로 도(道)를 삼고 정(定)을 익히지 않아 마등가의 딸 발길제의 음술에 빠지게 되었습니다. 그러하오니 부처님이시여, 저에게 시방의 여래께서 보리를 이루시던 사마타(집중), 삼마(삼매), 선나(사유수)를 가르쳐 주소서. 그동안 부처님의 어여삐 여기심만 믿고, 많이 듣고 외워 아는 것만 좋아하였으며, 정(定)을 익히지 아니하여 번뇌의 소멸을 얻지 못하였나이다."

부처님께서는 아난에게 말씀하셨습니다. "너와 나는 사촌이지만 우리의 정리(情理)로 보면 친형제와 같다. 네가 처음 발심하였을 때, 나의 법 가운데서 무슨 수승한 상을 보았기에 그렇게도 갑자기 세간의 그 깊고 무거운 사랑과 은혜를 모두 버릴 수 있었느냐?"

아난이 부처님께 사뢰었습니다. "저는 여래의 32상이 수승하고 절묘하며, 그 몸의 비치고 사무침이 마치 유리와 같음을 보고 부처님께 우러러 사모하였고, 끝내는 부처님 앞에 출가하게 되었습니다."

부처님께서 아난에게 물었습니다. "아난아, 너의 발심(發心)이 '여래의 32상을 말미암았다.'라고 하니, 무엇으로 보고 무엇으로 사랑하고 좋아하느냐?"

아난이 부처님께 대답하였습니다. "세존이시여! 제가 이와 같이 부처님을 사랑하고 좋아하였던 것은 저의 마음과 눈이었습니다. 눈으로 여래의 수승한 모습을 보고 마음으로 좋아하였기 때문에, 저는 발심하여 생사에서 벗어나기를 바라게 되었습니다."

부처님께서는 아난에게 "너의 말과 같이 정말 사랑하고 좋아한 것이 '마음과 눈이다'라고 하면, 그 마음과 눈은 지금 어디에 있느냐?"고 물으셨고, 아난은 여기에 대해서 '안에 있다. 밖에 있다…' 등 일곱 가지로 대답합니다. 여기에 대하여 되묻는 방식으로 경이 이루어집니다.

부처님께서는 지금 아난으로 하여금 깨달음을 주고, 또 당신께서 열반한 뒤에 이 세계 중생들이 보살승(乘)에 들어가서 위없는 도를 성취하기 위한 방편을 가르쳐주기 위해, 여러 대보살과 번뇌가 다한 아라한들에게 널리 고하여 말씀하셨습니다. "너희들 보살과 아라한들이 나의 불법 가운데서 더 배울 것이 없음을 이루었나니, 너희들이 처음에 발심하고 깨달을 적에 18계(界)에서 어느 것이 원통(圓通)한 것이며, 무슨 방편으로 삼매에 들어갔느냐?"

54

이때 보살과 아라한 25분이 차례로 나와 삼매를 얻어 원통을 이룬 체험담을 말하였습니다. 그때 제일 먼저 부처님께서 성도하신 뒤 녹야원에 찾아가 깨우침을 준 교진녀 등 다섯 비구가 자리에서 일어나 부처님 발에 이마를 대어 절하고 난 다음, 교진녀가 말하였습니다. "제가 녹야원과 계원에 있을 때에 여래께서 최초에 성도하심을 보고, 부처님의 음성에서 사성제를 깨달았습니다. 부처님께서 비구들에게 사성제의 이치를 물으셨을 때에 제가 최초로 '알았다'고 하여 부처님이 저를 인가하시어 '아야다'(阿若多)라고 이름하셨듯이, 묘음(妙音)이 밀밀하고 원만하여 저는 그 음성으로 인하여 아라한이 되었습니다."

스무 번째 월광 동자가 자리에서 일어나 부처님의 발에 이마를 대어 절하고 부처님께 사뢰었습니다. "제가 지난 옛날의 항하의 모래 수와 같은 세월을 기억해 볼 때에 한 부처님이 세상에 출현하셨으니 그 이름이 수천(水天)이었습니다. 그 부처님께서는 모든 보살들에게 물의 정밀한 성품을 관하여 삼마지에 들게 하시니, 몸 가운데 수성을 빼앗지 않고 처음에는 눈물과 침으로부터 이와 같이 진액(津液), 정혈(精血), 대변(大便), 소변(小便)에 이르기까지 다 살펴서 몸속에 돌아다니는 모든 수성이 동일한 것임을 관찰하게 하며, 그 수성이 몸속에 있는 것과 세계 밖의 부당왕찰(浮幢王刹)의 향수해(香水海)가 서로 평등하여 차별이 없음을 보라고 하셨습니다.

저는 그때 처음 그 관법(觀法)을 이루었기에 다만 물만 보일 뿐, 아직 몸이 없어짐은 얻지 못한 상태로 당시 비구가 되어서 방안에서 편안히 참선을 하고 있었습니다. 그때 저의 제자가 창문을 뚫고 방안을 엿보다가 오직 맑은 물이 방에 가득할 뿐, 다른 것은 보이지 않자, 어린 것이 무지하여 하나의 기와조각을 취하여 물속에 던져 소리가 나게 하고는 힐끔 돌아보며 가버렸습니다. 제가 선정(禪定)에서 나온 후에 갑자기 가슴에 통증을 느끼는 것이 마치 사리불이 위해귀(違害鬼)를 만났을 때와 같았으므로, 제가 스스로 생각하기를 '지금 나는 이미 아라한의 도(道)를 얻어 오래 전에 병의 인연을 여의었는데, 어찌하여 금일에 홀연히 가슴이 이렇게 아픈가? 장차 퇴보하여 아라한과를 잃게 되는 것은 아닌가?' 하였습니다.

그때 동자가 저에게 와서 이상과 같은 일을 말하기에, 저는 곧 그에게 '네가 다시 물을 보게 되거든 반드시 곧 문을 열고 물속에 들어가 기와조각을 건져내라.'고 하였습니다. 동자가 가르침을 받들어 나중에 제가 선정에 들었을 때에, 다시 물을 보니 분명히 기와조각이 있으므로, 동자가 문을 열고 들어가 건져내었던 것입니다. 그런 다음에 제가 선정에서 나와 보니 그때야 비로소 몸의 상태가 처음과 같았습니다.

그로부터 한량없는 부처님을 만났었는데, 산해혜 자재통왕여래(山海慧 自在通王如來)에 이르러서야 비로소 몸이 사라짐을 얻어서, 시방세계의 모든 향수해로 더불어 성품이 진공(眞空)에 합하여 둘이 아니고 차별이 없었으며, 이제 여래로부터 동진(童眞)이란 이름을 얻어 보살의 모임에 참여하게 되었습니다. 부처님께서 원통을 물으시니 저는 물의 성품이 한결같이 유통함을 관찰하는 것으로 무생인(無生印)을 얻어서 깨달음을 원만하게 하는 것이 제일인가 합니다."

끝으로 관세음보살이 자리에서 일어나 부처님의 발에 이마를 대어 절하고 부처님께 사뢰었습니다. "세존이시여! 제가 옛날 헤아릴 수 없는 항하의 모래 수와 같은 겁(劫)을 기억해 볼 때에 한 부처님께서 출현하셨으니 이름이 관세음이었습니다. 저는 그 부처님으로 인하여 보리심을 발하게 되었으며, 그 부처님께서 저에게 '문사수(聞思修)로부터 삼마지에 들어가라.'고 가르치셨습니다. 처음 듣는 가운데 깊이 관조(觀照)하는 흐름에 들어 대상에서 벗어나고 대상과 흐름에 들어갔다는 것까지 고요해져서 동정(動靜)의 두 가지 상이 전혀 생기지 않게 되었습니다. 이와 같이 점차 더욱 정진하여 듣는 주체와 들을 대상이 다하고, 들음이 다하였다는 데도 머물지 않아 깨달음과 깨달을 대상이 모두 공하고, 공(空)과 각(覺)이 지극히 원만하여 다시 공(空)이라는 생각과 공한 경계가 다 소멸하였습니다.

이와 같이 생멸이 이미 멸하니 적멸이 눈앞에 드러났습니다. 이렇게 하여 홀연히 세간과 출세간을 초월하고, 시방이 원명(圓

明)하여 두 가지 수승한 부처님의 경계를 얻었으니, 첫째는 위로 시방제불의 본래부터 묘하게 깨어 있는 마음에 합하여 부처님으로 더불어 자비의 묘력이 동일하게 되고, 둘째는 아래로 시방의 일체 육도중생의 마음에 합하여 여러 중생으로 더불어 슬픔과 소망이 같아졌습니다.

부처님이시여! 제가 스스로 음성을 따르지 않고, 관(觀)하는 것을 돌이켜 관(觀)하여 원통을 얻었기 때문에, 시방의 모든 고뇌하는 중생들로 하여금 나와 같이 그 음성을 관하게 하여 해탈을 얻게 하겠습니다."

그러자 부처님께서는 문수보살에게 말씀하셨습니다. "네가 이 25무학 아라한과 보살들을 보라. 제각기 처음에 도를 이루던 방편을 말하면서, 모두 진실한 원통을 닦았노라 하니, 저희들이 수행하는 데는 참으로 낫고 못하고, 앞서고 뒤서고 하는 차별이 없으려니와, 내가 지금 아난으로 하여금 깨닫게 하려면, 25원통에서 어느 것이 그 근기에 적당하겠으며, 또 내가 열반한 뒤에 이 세계 중생들이 보살승에 들어가서 위없는 도를 구하려면, 어느 방편 문으로 닦아야 쉽사리 성취할 수 있겠느냐?"

문수보살은 계송으로 답하여, 25분의 보살과 아라한들의 방편 중 위없는 깨달음으로 들어갈 수 있는 방편은, 관세음보살의 이근원통만이 무상도를 깨닫게 할 수 있다고 다음과 같이 칭송하였습니다.

"아난아, 대중들아, 다만 듣는 귀
듣는 성품 돌이켜 자성을 들으라.
자성으로 무상도 성취하니
진정한 원통이란 이러하니라.
이것이 부처님들 열반 가는 길,
과거의 부처님도 지금 여래도
모두 다 이 문으로 성불하셨고,
이 세상 보살들도 그러하리니
이 다음 학인(學人)들도 성불하려면,
이 법으로 따라서 가야 하리라.
나 역시 이 문으로 들어갔노니
관세음보살만이 아니러니라.
세존께서 나를 시켜 깨달음 얻기에
가장 쉬운 방편문 택하라심은
오는 세상 중생들 세간을 나와
성도하려는 이를 건지려 함이니
위없는 열반심을 이루는 데는
관세음 이근원통 제일이옵고
그밖에 여러 가지 방편문들은
모두 다 부처님의 위신력으로
제가끔 닦은 방편 마땅한 대로
번뇌를 버리도록 하심이언정,

옅고 깊은 근기들이 다같이 닦고
두고두고 배울 법 못 되나이다."

사마타 수행은 강한 집중력으로 제법(諸法)의 진리를 관(觀)하
여 단박 근본 집중에 이르러, 제팔아뢰야식에 잠재된 무명(無明)
을 타파하는 수행법입니다. 관세음보살 이근원통법이 단박 근본
집중에 이르러 근본 무명을 타파하는 사마타 수행입니다. 그래서
부처님께서 열반하신 뒤, 세계의 보살승과 학인들이 성불하려면,
이근원통법을 의지해야 한다고 문수보살이 부처님께 추천하였
습니다. 우리나라 사찰에서 아침저녁 예불시 빠뜨리지 않고 독송
하는 반야심경은, 관세음보살이 이근원통법으로 깨달음을 얻고,
그 깨달음의 내용과 깨닫는 방편을 설하신 것입니다.

摩訶般若波羅蜜多心經 강설
마 하 반 야 바 라 밀 다 심 경

경의 제목은 "큰 지혜 방편인 뗏목으로 깨달음의 언덕에 이르는 마음의 경"이라는 뜻입니다. 이 반야심경은 관자재보살, 즉 관세음보살이 부처님의 증명 하에 설하신 경입니다. 중국에서는 인도 산스크리트어로 된 경전을 여덟 분이 중국어로 번역하였습니다. 그중 다섯은 경의 내용을 축약시키지 않고 그대로 번역된 광본이 있고, 셋은 축약된 약본이 있습니다.

우리나라에서 늘상 외우는 반야심경은 현장법사가 번역한 축약본으로 본문이 260자의 한자어로 되어 있습니다. 축약본에는 경을 여는 서문과 마무리하는 끝부분인 유통분이 생략되어 있습니다.

"이와 같이 내가 들었다. 한때 부처님께서 마갈타국 왕사성 영취산에 큰 비구 대중과 보살 대중으로 더불어 함께 계셨다. 때에 사리불이 부처님의 위신력을 입고 합장 공경하여 관자재보살 마하살께 사뢰었다. '성자시여! 만일 아주 깊은 반야바라밀다의 행을 배우고자 하는 이는 어떻게 닦아야 하겠나이까?"

약본에는 위의 서문이 생략되어 있습니다.

觀自在菩薩　行深般若波羅蜜多時
관 자 재 보 살　행 심 반 야 바 라 밀 다 시

照見五蘊皆空　度一切苦厄
조 견 오 온 개 공　도 일 체 고 액

"관자재보살이 깊은 반야바라밀다를 행할 때, 오온이 공한 것을 비추어 보고 온갖 고통에서 건너느니라."

오온은 색(色) 수(受) 상(想) 행(行) 식(識)입니다. 색(色)은 물질로 이루어진 색신(色身)인 육체를 말합니다. 색신은 뼈, 살, 털, 손톱, 발톱, 피, 진액, 골수 등으로 이루어졌습니다. 수(受)는 전오식(前五識)으로서 바깥세상을 받아들이어 느끼는 것입니다. 눈은 안식으로 형색을, 귀는 이식으로 소리를, 코는 비식으로 냄새를, 혀는 설식으로 맛을, 몸의 촉각은 신식으로 감촉을 받아들이어 느끼는 것입니다.

상(想)은 제육의식(第六意識)으로서 전오식이 받아들인 바깥세상의 경계를 인식하고 생각합니다. 느낌을 받아들이어 인식할 때, 아름답고 감미롭고 향기롭고 달콤하고 부드러우면 즐거운 생각을 일으키고, 흉측하고 거슬리고 고약하고 쓰거나 맵고 느낌인 감촉이 고통스러우면 괴로운 생각이 일어납니다. 제육의식은 갈애와 혐오를 일으킵니다.

행(行)은 제칠말나식으로서 전식(轉識) 또는 행식(行識)이라고

도 합니다. 제육의식이 분별하지 못하는 부분도 분별하며, 손가락 한 번 튕기는 순간, 일조에 가까운 일어남과 꺼지는 마음의 주파수로 바깥세상을 무의식 속에 식별하며, 제육의식의 정보를 제팔아뢰야식에 전달하는 심리작용입니다.

식(識)은 제팔아뢰야식으로 제칠말나식으로 전달받은 정보, 즉 업(業)이 저장되는 곳입니다.

중생들은 이 색수상행식의 무더기인 오온을 '나'라고 여기고 여기에 애착하기 때문에 고가 따릅니다. 나라고 하는 존재를 색(色) 수(受) 상(想) 행(行) 식(識)으로 해체해서 보면, 이들이 잠시도 멈추지 않고 찰나찰나 변화하는 무상(無常)이 극명하게 드러납니다. 무상하여 잠시도 멈추지 않은 무상함은 괴로움(苦)입니다. 이처럼 무상함을 통찰할 때, 고(苦)와 무아(無我)를 꿰뚫어 알아차리게 됩니다. 이렇게 무상(無常) 고(苦) 무아(無我)를 철견할 때, 집착과 갈애에서 벗어나 해탈을 얻을 수 있습니다. 관자재보살께서는 반야바라밀다, 즉 지혜 바라밀다를 통해서 오온이 공(空)한 것을 꿰뚫어보아 깨닫고, 집착과 갈애에서 벗어나 온갖 고통에서 벗어난 것입니다.

舍利子 色不異空 空不異色 色卽是空 空卽是色 受想行識
사리자　색불이공　공불이색　색즉시공　공즉시색　수상행식

亦復如是 舍利子 是諸法空相 不生不滅 不垢不淨 不增不減
역부여시　사리자　시제법공상　불생불멸　불구부정　부증불감

"사리자여! 색이 공과 다르지 않고 공이 색과 다르지 않으며,
색이 곧 공이요 공이 곧 색이니, 수상행식도 그러하니라. 사리자
여! 모든 법은 공하여, 나지도 멸하지도 않으며, 더럽지도 깨끗하
지도 않으며, 늘지도 줄지도 않느니라."

　　사리자(불)는 '매의 눈을 가진 자의 아들'이라는 뜻인데, 사리
자의 어머니 눈이 매의 눈 같다고 하여 붙여진 이름이며, 부처님
십대 제자 중 지혜 제일이라고 합니다. "색이 공과 다르지 않고,
공이 색과 다르지 않으며, 색이 곧 공이요, 공이 곧 색이다."
색(色)은 물질입니다. 중생들이 오온 중에 가장 집착이 큰 것은
물질로 이루어진 육신입니다. 중생들의 육신만이 물질이 아니라,
이 세상 현상계는 다 물질로 이루어져 있습니다. 이 물질이
곧 공이요 공이 곧 물질입니다.

　　지금 이 법당에 촛불이 켜져 있습니다. 저 초가 시간이 갈수록
점점 작아지고 있습니다. 분명 우리 눈앞에서 사라지고 있습니다.
하지만 저 초는 고체가 변하여 기체화되어 우리 눈에 보이지
않는 것뿐이지, 이 법당 안에 고스란히 있습니다. 과학에서 질량

64

보존(質量保存)의 법칙이 있습니다. 질과 양은 변하지 않고 항상 우주공간에 그대로 존재합니다. 다시 말해서 화학반응의 전후에서 원물질(原物質)을 구성하는 성분은, 모두 생성물을 구성하는 성분으로 변할 뿐이며, 물질이 소멸하거나 또는 무(無)에서 물질이 생기지 않는다는 것입니다.

물질로 이루어진 이 몸은 인연에 의하여 이루어졌다가, 인연에 의하여 지수화풍(地水火風)으로 돌아갑니다. 물질인 이 몸이 허망하니 애착할 게 못 되는 것입니다.

"수상행식도 그러하니라." 양초가 물질인 색신(色身)이라면, 촛불은 정신작용인 느낌(受), 인식(想), 심리현상(行), 알음알이(識)라고 비교할 수 있습니다. 저 촛불이 켜지니 이 법당 안이 밝아졌습니다. 저 촛불을 끄면 이 법당 안은 어두워집니다. 촛불이 켜지고 꺼지면 무엇이 더러워지고, 무엇이 깨끗해지며, 무엇이 늘어나고 무엇이 줄어듭니까? 아무것도 달라진 것은 없습니다. 우리의 정신작용인 수상행식도 공하여서 아무것도 변한 것이 없습니다.

반야심경의 핵심은 공(空)입니다. 공(空)은 우주법계의 근원입니다. 그래서 공은 공간(空間), 시간(時間), 물질(物質), 정신(精神), 빛(光), 소리(聲), 기(氣), 힘(力)이 제로(zero) 점에서 융합된 것입니다. 그러나 인간의 눈에는 빈 것으로 보입니다. 공(空)에 계합하려면 일체 번뇌가 다한 무심삼매에 들어야 합니다.

無受想行識　無眼耳鼻舌身意
무수상행식　무안이비설신의

"그러므로 공 가운데는 색이 없고 수상행식도 없으며."

　반야바라밀다 수행으로 번뇌가 다한 무심도인은 오온이 공함을 체득한 고로, 물질인 색신에 애착이 없으므로, 색신을 갖고 있어도 있다 하지 않습니다. 또한 눈, 귀, 코, 혀, 몸으로 바깥 경계를 받아들임[受]이 있되 실은 받아들임이 없고, 받아들임을 인식하고 생각함[想]이 있되 실은 인식하고 생각함이 없고, 인식하고 생각함을 굴리되[行] 인식하고 생각함을 굴린 바가 없으므로, 업(業)이 식(識)에 쌓이지 않기 때문에 무명(無明)이 사라지므로 윤회가 끊어집니다.

無眼耳鼻舌身意　無色聲香味觸法　無眼界　乃至　無意識界
무안이비설신의　무색성향미촉법　무안계　내지　무의식계

"안이비설신의도 없고, 색성향미촉법도 없으며 눈의 경계도 의식의 경계까지도 없고."

　육근(六根)인 눈, 귀, 코, 혀, 몸, 의(뇌)는 내 색신 안에 있으므로 주체(主體)요, 육진(六塵)인 색상, 소리, 냄새, 맛, 촉감, 인식은

66

바깥 세상에 있으므로 객체(客體)입니다. 주체인 육근이 객체인 육진을 받아들이려면 육식(六識)이 작용을 해야 합니다. 눈이 있으나 안식(眼識)이 작용을 하지 않으면 바깥 경계인 색상을 받아들이지 못합니다. 귀도 그러하여 귀가 있으나 이식(耳識)이 작용을 하지 않으면 소리를 받아들이지 못합니다. 코, 혀, 몸, 뇌도 그러합니다. 공을 증득한 무심도인은 하되 함이 없는 무위(無爲)로, 육근 육식을 임의자재로 굴립니다.

그래서 눈이 있되 눈의 함이 없고, 귀가 있되 귀의 함이 없고, 코가 있되 코의 함이 없고, 혀가 있되 혀의 함이 없고, 몸의 촉감이 있되 몸의 촉감이 함이 없고, 머리(意)가 있되 머리의 함이 없습니다. 그래서 눈으로 색상(色相)을 보되 본 바가 없고, 혀로 맛을 보되 맛본 바가 없고, 몸으로 촉각을 느끼되 느낀 바가 없고, 머리로 인식하고 생각하되 인식하고 생각한 바가 없습니다.

"눈의 경계도 의식의 경계까지도 없고"는 육근, 육진, 육식의 18계도 중생들에게는 분명히 있지만, 무심도인의 분상에는 걸림이 없으므로 있되 있는 것이 아니라고 한 것입니다.

無無明 亦無無明盡 乃至 無老死 亦無老死盡
무무명 역무무명진 내지 무노사 역무노사진

"무명도 무명이 다함까지도 없으며, 늙고 죽음도 늙고 죽음이 다함까지도 없고."

중생들은 윤회의 씨앗인 무명(無明)에 의하여 행(行)을, 행을 연(緣)하여 식(識)을, 식을 연하여 명색(名色)을, 명색을 연하여 육입(六入)을, 육입을 연하여 촉(觸)을, 촉을 연하여 수(受)를, 수를 연하여 애(愛)를, 애를 연하여 취(取)를, 취를 연하여 유(有)를, 유를 연하여 생(生)을, 생을 연하여 노사(老死)로 생사윤회를 합니다. 하지만 반야바라밀다 수행으로 공을 체득한 무심도인은 윤회의 근본인 무명을 타파했으므로, 무명에서 노사까지 12인연(十二因緣)도 중생에게는 분명히 있지만, 걸림이 없으므로 있는 것이 아닙니다.

無苦集滅道 無智 亦無得
무고집멸도 무지 역무득

"고집멸도도 없으며, 지혜도 얻음도 없느니라."

고는 무명이 만들어낸 결과물입니다. 괴로움은 갈애에서 생깁니다. 갈애는 없애야 할 진리입니다. 이 갈애를 없애는 길은 팔정도입니다. 중생에게는 분명히 고집멸도, 사성제는 닦아야 할 진리입니다만, 반야바라밀다로 무명을 타파한 무심도인에게는 고의 원인인 갈애가 없으며, 갈애가 없으므로 멸해야 할 고의 원인이 사라졌고, 멸해야 할 것이 없으므로 팔정도가 필요 없습니다.

그래서 괴로움[苦]과 괴로움의 원인[集]과 괴로움의 없어짐 [滅]과 괴로움을 없애는 길[道]인 사성제(四聖諦)도 있는 것 같지만 실은 없습니다. 그렇다고 해서 깨달은 어떤 지혜가 있다거나 깨달아 증득하여 얻을 것이 있다고 한다면, 참으로 깨달은 보살마하살이 아닙니다. 그래서 지혜도 얻음도 없는 것입니다.

以無所得故 菩提薩陀 依般若波羅蜜多
이 무 소 득 고　보 리 살 타　　의 반 야 바 라 밀 다

故心無罣碍 無罣碍故 無有恐怖 遠離顚倒夢想 究竟涅槃
고 심 무 가 애　무 가 애 고　무 유 공 포　원 리 전 도 몽 상　구 경 열 반

"얻을 것이 없는 까닭에 보살은 반야바라밀다를 의지하므로 마음에 걸림이 없고 걸림이 없으므로 두려움이 없어서 뒤바뀐 헛된 생각을 멀리 떠나 완전한 열반에 들어가며."

반야바라밀다를 의지하여 깨달음을 성취한 보살은 얻을 것이 없습니다. 얻을 것이 있다면, 갈애가 남아 있어 중생입니다. 갈애가 소멸한 보살은 마음이 허공처럼 텅 비어 있어 어떠한 것에도 걸림이 없습니다. 마치 텅 빈 거울처럼 온갖 형상이 거울 앞에 나타나면, 그 형상들이 거울에 비치지만 거울 바탕에는 아무 흔적이 남지 않는 것처럼, 반야바라밀다를 의지하는 보살의 마음도 그와 같아 걸림이 없습니다. 그리고 무명이 다하고 업이 소멸되었으므로 전생업과 금생업에 의한 전도된 생각이 끊어졌습니다. 그러므로 꿈과 같은 생각들을 여읜 것입니다. 이것이 바로 완전한 열반에 들어간 것입니다.

三世諸佛依般若波羅蜜多　故得阿耨多羅三藐三菩提
삼 세 제 불 의 반 야 바 라 밀 다　고 득 아 뇩 다 라 삼 먁 삼 보 리

"삼세의 모든 부처님도 반야바라밀다를 의지하므로 최상의 깨달음을 얻느니라."

관자재보살이 말하시기를 "반야바라 수행은 나뿐만 아니라, 과거의 부처님도 현재의 부처님도 미래의 부처님도 이 반야바라밀다 수행에 의지하여 위없는 원만 구족한 깨달음을 얻으셨느니라."

70

故知般若波羅蜜多　是大神呪　是大明呪　是無上呪
고 지 반 야 바 라 밀 다　시 대 신 주　시 대 명 주　시 무 상 주

是無等等呪　能除一切苦　眞實不虛
시 무 등 등 주　능 제 일 체 고　진 실 불 허

"반야바라밀다는 가장 신비한 주문이며 가장 밝은 주문이
며 위없는 주문이며 무엇과도 견줄 수 없는 주문이니, 온갖
괴로움을 없애고 진실하여 허망하지 않음을 알지니라."

　반야바라밀다는 가장 신령스런 만트라이고, 가장 밝은 만트라
이며, 위없는 만트라이고, 무엇과 비교할 데 없는 만트라입니다.
중국어로 '주문'이라고 번역하였습니다만, 만트라는 주문과 다
릅니다. 주문(呪文)은 음양가(陰陽家)나 술가(術家)들이 신(神)을
불러 술(術)을 부릴 때 외우는 글귀이지만, 만트라(mantra)는
음성에 의한 수행법으로 불타에 대한 찬가나 진언을 소리내어
반복하여 외우며, 귀로 그 소리를 듣고, 듣는 성품을 돌이켜
관(觀)하여 삼매에 이르게 하며, 모든 경계가 끊어진 자리에
이르게 하는 사마타로서 자성(自性)을 깨닫는 관세음보살의 이근
원통 수행법입니다. 그래서 이 만트라는 온갖 괴로움을 완전히
없애는 거짓됨이 없는 진실한 진리입니다.

故說般若波羅蜜多呪 卽說呪曰
고 설 반 야 바 라 밀 다 주   즉 설 주 왈

揭諦揭諦 波羅揭諦 波羅僧揭諦 菩提 娑婆訶
아 제 아 제   바 라 아 제   바 라 승 아 제   모 지   사 바 하

"이제 반야바라밀다주를 말하리라. 아제아제 바라아제 바라승아제 모지 사바하."

　관자재보살이 사마타 수행법 이근원통 만트라인 반야바라밀다주를 조금도 지체하지 않고 설하십니다. 우리나라 불자들이 반야바라밀다주를 '아제아제 바라아제 바라승아제 모지 사바하'라고 독송합니다. 하지만 이것은 한국어도 중국어도 인도어도 아닙니다. 왜냐하면 인도 산스크리트어를 중국인들이 뜻글인 자기 나라 한자어로 소리글처럼 표기했기 때문입니다. 우리는 한자어를 우리식 발음으로 표기했기 때문에 전혀 다른 말이 되어 버렸습니다.

　만약 중국인들이 뜻글인 자기 나라 한자어로 된 반야바라밀주를 중국식 발음으로 독송하면, 산스크리트어에 가까운 발음이 나옵니다. 그래서 산스크리트어 반야바라밀다주를 우리 한글로 표기하여 독송하면 어떨까 합니다.

　'가데 가데 바라가데 바라상가데 보디 스바하.'

72

제4강

위빠사나 선 수행의 근거가 되는 경전

위빠사나 선 수행의 근거가 되는 경전은 디가니까야의 22번째 경전인 『대념처경』(大念處經)을 근거로 한다. 부처님께서는 『대념처경』에서 다음과 같이 말씀하셨다.

"이와 같이 나는 들었다. 한때 부처님께서는 꾸르스 지방의 깜마사 담마라는 마을에 머무셨습니다. 그때 부처님께서는 '비구들이여!'라고 비구들을 부르셨습니다. 바구들은 '네, 세존이시여!'라고 대답했습니다. 그러자 부처님께서는 다음과 같이 말씀하셨습니다.

"비구들이여, 이것이 유일한 길이다. 중생을 정화하고, 슬픔, 비탄을 극복하게 하고, 육체적인 고통과 정신적인 고통을 사라지게 하고, 올바른 길에 도달하게 하고, 열반을 실현하기 위한 길이다. 이것은 바로 네 가지 알아차림의 확립이다.

무엇이 네 가지인가? 비구들이여, 몸에서 몸을 알아차리는 수행을 하면서 지낸다. 열심히 분명한 앎을 하고 알아차려서 세상에 대한 욕망과 싫어하는 마음을 제어하면서 지낸다. 느낌에서 느낌을 알아차리는 수행을 하면서 지낸다. 열심히 분명한 앎을 하고 알아차려서 세상에 대한 욕망과 싫어하는 마음을 제어하면서 지낸다. 마음에서 마음을 알아차리는 수행을 하면서 지낸다. 열심히 분명한 앎을 하고 알아차려서 세상에 대한 욕망과 싫어하는 마음을 제어하면서 지낸다. 법에서 법을 알아차리는 수행을 하면서 지낸다. 열심히 분명한 앎을 하고 알아차려서 세상에 대한 욕망과 싫어하는 마음을 제어하면서 지낸다."

위빠사나 선 수행은 몸(身), 느낌(受), 마음(心), 법(法)이라는 네 가지 대상에 대하여 어떤 군더더기도 붙이지 않고 사실 그대로, 있는 그대로 알아차려서 자신을 정화하고 육체적, 정신적 고통을 사라지게 하고, 마지막에 열반을 실현하는 데 그 목표가 있다.

부처님께서는 말씀하셨습니다. "비구들이여, 몸에서 몸을 알아차리는 수행을 하면서 지낸다. 열심히 분명한 앎을 하고 알아차려서 세상에 대한 욕망과 싫어하는 마음을 제어하면서 지낸다."

중생들은 물질로 이루어진 몸이 있는 한, 피할 수 없는 것이 있습니다. 배가 고프면 먹어야 하고, 먹었으면 내놓아야 합니다. 추우면 두터운 옷을 입고 따뜻한 곳을 찾고, 더우면 옷을 벗고 시원한 곳을 찾습니다. 성년이 되면 솟구치는 성욕을 감당해내야 합니다. 배가 고플 때 일어나는 음식에 대한 탐욕심을 알아차리며 욕망을 제어해야 합니다. 음식을 먹으면서 먹고 있는 나를 알아차려서 탐욕에 빠지는 것을 제어해야 합니다. 추우면 추위에, 더우면 더위에 호들갑을 떠는 나를 알아차려야 합니다. 추위와 더위는 객(客)이요, 알아차리는 놈은 주체(主體)입니다. 객에게 끌려 다니지 말고 주체가 주인노릇을 해야 합니다. 성년이 되면 생리적 현상으로 일어나는 성욕은 제어하기가 쉽지 않습니다. 일어나는 성욕을 알아차림으로 이성(理性)을 깨워 윤리적·도덕적 실수를 하지 않도록 제어해야 합니다.

내 몸의 움직임을 알아차리게 됨은 몸으로 짓는 악업을 하지 않게 되므로, 청정한 계(戒)를 범하지 않게 됩니다. 이 몸은 무상(無常)하여 잠시도 멈추지 않고 늙고 병들어 죽어가고 있습니다. 이 몸이 변형되어 가는 그 무상함을 알아차리므로 몸에 대한 애착에서 벗어날 수 있습니다.

위빠사나 수행자는 앉고, 서고, 가고, 오고, 눕고, 밥 먹고, 차 마실 때 언제 어디서나 내 몸 움직임을 알아차려야 합니다. 고요히 앉아 좌선할 때는 들숨과 날숨을 알아차리어 세상에 대한 욕망과 싫어하는 마음을 제어하면서 지내야 합니다. 이것이 신념처(身念處) 수행입니다.

"느낌에서 느낌을 알아차리는 수행을 하면서 지낸다. 열심히 분명

한 앎을 알고 알아차려서 세상에 대한 욕망과 싫어하는 마음을
제어하면서 지낸다."

　남녀가 오감 중에 유혹에 약한 부분이 조금씩 다릅니다. 여자는
귀가 약합니다. 그래서 여자에게는 사랑한다, 좋아한다, 예뻐졌
다, 날씬해졌다 등의 칭찬을 많이 해야 합니다. 그러면 그 말이
진정이 아닌 것을 알면서도 기분이 좋아져서 입이 벌어집니다.
여자들이 또 하나 약한 곳이 있습니다. 촉각, 즉 스킨터치에
약합니다. 그래서 서양 남자들은 아내에게 늘 키스해 주고 안아
줍니다.

　남자들은 눈이 약합니다. 옆에 있는 아내에게 "난 당신이
이 세상에서 제일 예뻐. 난 당신밖에 몰라." 이렇게 말해놓고서도
날씬하고 어여쁜 여자가 지나가면 눈이 그쪽으로 돌아갑니다.
그리고 남자가 약한 데는 코입니다. 동물들도 수컷들은 코가
예민하여 암컷의 냄새를 맡고 멀리서 찾아옵니다. 여자들이 아름
답게 화장을 하고 예쁜 옷을 입는 것은 남자의 눈을 유혹함이요,
여자들이 값비싼 향수를 몸에 뿌리는 것은 남자들의 코를 자극하
여 유혹하기 위함입니다.

　남녀가 똑같이 약한 곳이 있습니다. 혀(舌), 즉 미각(味覺)입니
다. 남자나 여자나 배가 고프면 먹는 것 외에는 아무것도 보이지
않습니다. 그래서 남녀가 데이트할 때 사랑을 고백하려면, 분위기

좋은 곳에서 맛있는 음식을 먹은 후에 프러포즈를 해야 성공 가능성이 높아집니다. 우리의 눈은 아름다움을 쫓고, 귀로는 즐거운 소리를 듣기 원하고, 코는 향기로운 냄새를 원하고, 혀는 달콤함을, 몸은 부드러움을 원합니다.

수행자는 다섯 감각기관으로 느끼는 느낌을 잘 알아차려서 유혹에 빠지지 않아야 합니다. 이것이 수념처(受念處) 수행입니다. 수행자가 눈으로 사물을 보고, 귀로 소리를 듣고, 코로 냄새를 맡고, 혀로 맛을 보고, 몸으로 감촉하되, 여기에 대하여 어떤 군더더기도 붙이지 않고 사실 그대로, 있는 그대로 알아차리어, 세상에 대한 욕망과 싫어하는 마음을 제어해야 합니다.

"마음에서 마음을 알아차리는 수행을 하면서 지낸다. 열심히 분명한 앎을 하고 알아차려서 세상에 대한 욕망과 싫어하는 마음을 제어하면서 지낸다."

우리는 나를 괴롭히는 사람을 만나면 미움이라는 부정적인 에너지가 마음에서 일어나 괴롭습니다. 이때 미워하는 마음을 알아차려야 합니다. 미움의 실체는 없습니다. 또 사랑하는 이와 헤어질 때, 사별이든 생이별이든 이별은 괴롭습니다. 가슴속 깊이 저려오는 그리움과 안타까운 마음을 알아차릴 때, 모든 것이 덧없음을 깨닫게 됩니다. 우리가 살다보면 내 뜻대로 되는 일이 별로 없습니다. 뜻대로 되지 않을 때, 우리는 괴로워합니다. 괴로워하는 마음을 알아차려야 합니다.

수행자는 보고, 듣고, 냄새 맡고, 맛보고, 감촉할 때, 아름답고, 즐겁고, 향기롭고, 달콤하고, 부드러우면 즐거운 마음이 일어납니다. 그리고 흉측하고, 거슬리고, 고약하고, 쓰고 거칠면, 괴로운 마음이 일어납니다. 이때 일어나는 마음을 알아차려서 세상에 대한 욕망과 싫어하는 마음을 제어해야 합니다. 이것이 심념처(心念處) 수행입니다.

"법에서 법을 알아차리는 수행을 하면서 지낸다. 열심히 분명한 앎을 하고 알아차려서 세상에 대한 욕망과 싫어하는 마음을 제어하면서 지낸다."

좋으면 즐거움을 알아차리는 마음을 돌이켜 알아차리고, 나쁘면 괴로움을 알아차리는 마음을 돌이켜 알아차리고, 좋지도 나쁘지도 않으면 덤덤함을 알아차리는 마음을 돌이켜 알아차립니다. 지금 경험하는 모든 현상을 단지 알아차릴 대상으로 보고, 모든 법이 원인과 결과로 생멸할 뿐, 실체가 없다는 바른 견해를 일으킵니다. 바로 법의 무상, 고, 무아의 성품을 통찰하고, 어떤 법도 집착하지 않는 것이 법념처(法念處) 수행입니다.

이와 같이 네 가지 알아차림은 중생들을 정화하고, 슬픔과 비탄을 극복하게 하며, 육체적인 고통과 정신적인 고통을 사라지게 하고, 올바른 길에 도달하게 하며, 열반을 실현하게 하는 바른 길입니다.

사념처 수행은 빠알리 대장경에 속해 있는 『대념처경』에 근거하여, 부처님 당시부터 수행해 오는 방법입니다. 빠알리 대장경은 다섯 권의 율장, 다섯 부의 경장, 일곱 권의 논장으로 되어 있습니다. 빠알리 대장경의 결집과 집대성의 과정을 알아봅시다.

마하가섭 존자가 빠와라는 곳에서 5백 명의 많은 무리의 비구들과 교화하고 있을 때, 부처님께서 구시나라에 계신다는 말을 듣고 대중들을 거느리고 구시나라로 가는 도중, 큰 길가 나무 아래 쉬고 있었습니다. 그때 나체 고행자가 만다라 꽃을 들고 구시나라 쪽에서 오는 것을 보고 그에게 물었습니다.

"그대는 어디서 옵니까?"
"구시나라에서 옵니다."
"그러면 우리 스승님 붓다를 아십니까?"
"네, 압니다. 고타마 사문은 일주일 전에 열반하셨습니다. 그래서 이 만다라 꽃을 그곳에서 가지고 오는 길입니다."

이 말을 들은 많은 비구들이 땅에 쓰러져 팔을 내저으며 이리저리 뒹굴고 통곡하면서, "너무 빨리 세존께서는 열반하셨다. 너무 빨리 부처님께서는 열반하셨다."라고 비통해 했습니다.

그런데 그때, 나이 많아서 출가한 늦깎이 수밧다라는 비구가 앉아 있다가 하는 말이 이랬습니다. "자, 자, 이제 그만하면 되었습니다. 그만들 슬퍼하세요. 우리는 이 위대한 사문으로부터 벗어났소. 스승께서 이것은 그대들에게 적합하고, 이것은 그대들에게 적합하지 않다고 하시며, 우리를 억압했습니다. 그렇지만 지금은 우리가 하고 싶은 것은 무엇이나 해도 되고, 하기 싫은 것은 하지 않아도 되게 되었습니다."

이 말을 들은 마하가섭 존자는, '부처님의 법이 아닌 것이 득세하기 전에, 계율이 힘을 잃고 계율 아닌 것이 득세하기 전에, 부처님 법을 말하는 사람은 적어지고 부처님 법이 아닌 외도 법을 말하는 사람이 많아지기 전에, 부처님과 법과 계율을 결집하여 많은 사람들이 합송하도록 해야 한다. 합송한 사람은 다음 세대에 전승하여 대대로 이어져 불법이 널리 퍼지도록 해야 한다.'고 생각했습니다.

마하가섭 존자는 부처님의 다비가 끝난 뒤에 비구들을 모아놓고, 구시나라로 오던 중 있었던 늦깎이 수밧다가 한 말을 하면서, 부처님의 가르침과 계율을 결집하는 일이 가장 시급하다고 강력히 주장하였습니다. 그러자 대중들은 모두 마하가섭 존자의 말에 찬성하였습니다. 그러자 마하가섭 존자는 아라한과를 증득한 5백 명의 장로 비구들을 선발하였습니다.

장소로는 마갈타국 수도인 라자가하(왕사성)의 칠엽굴을 선택하였습니다. 라자가하는 탁발하기 좋고, 또 마갈타국 왕 아자따삿두가 적극적으로 후원해 주기로 했기 때문입니다. 아자따삿두는 빔비사라 왕의 아들이며 제바달다의 꼬임에 넘어가 반역을 일으키어, 부왕을 지하 감옥에 가두어 죽이고 왕위에 올랐습니다. 한때는 부처님을 미워했으나, 부처님의 주치의였던 지바까의 설득으로 부처님께 귀의하였습니다.

라자가하(왕사성)에 도착한 5백 명의 장로 비구들은 아자따삿두 왕의 후원으로 우기의 첫 번째 달 동안 라자가하의 모든 승원을 보수하였습니다. 아자따삿두 왕은 칠엽굴의 입구 옆에 집회당을 세웠습니다. 집회당 북쪽을 향한 남쪽에는 의장 장로를 위한 의자를 놓았고, 집회당의 가운데는 연사의 높은 자리를 놓았으며, 동쪽을 향한 곳에는 거룩한 부처님의 의자를 놓아 부처님이 오셔서 증명해 주시기를 바랐습니다.

두 번째 달 두 번째 날에 5백 명의 장로 비구들은 장엄한 집회당에 함께 모여 율과 경을 결집하게 되었습니다. 먼저 계율의 송출을 위하여 우발리 존자를 연사의 의자에 앉히었습니다. 그리고 마하가섭 존자는 의장의 자리에 앉아서 질문을 하였습니다. 먼저 대중들에게 어떤 언어로 결집할 것인가를 물었습니다. 바라문 계통의 상류층에서 사용하던 산스크리트어로 할 것인가, 부처님 나라 가피라 성에서 사용하던 쁘라트리어로 할 것인가 의견이 분분했으나, 부처님께서 생존시 많이 활동하시던 장소인 마갈타국에서 서민들이 쓰던 언어인 마가디어로 설법하셨으므로, 마침내 마가디어로 결집하기로 결론을 내렸습니다. 그런 후 마하가섭 존자는 대중에게 말하였습니다.

"존자들이여! 내 말을 들으십시오. 대중이 옳다고 생각하시면 나는 우발리 존자에게 계율에 대하여 질문하겠습니다."

대중들이 "옳습니다." 대답하자, 우발리 존자가 대중들에게 말하였습니다.

"존자들이여! 대중이 옳다고 생각하시면 나는 가섭 존자의 계율에 대한 질문에 대답하겠습니다."

대중들이 "옳습니다."라고 대답하자, 마하가섭 존자는 우발리 존자에게 질문을 하였습니다.

"우발리 존자여! 어디에서 첫 번째 바라이 죄(승단에서 추방되는 무거운 죄)가 정해졌습니까?"

"웨살리에서입니다. 존자여!"
"누구에 대해서입니까?"
"수딘나 깔란다 뿟따에 대해서입니다."
"무슨 문제에 관한 것입니까"
"성행위에 대한 것입니다."

　이어서 이와 관련하여 더 자세하게 가섭 존자는 우발리 존자에게 질문하기를, 이 첫 번째 바라이 죄의 내용은 무엇이었는지, 연루된 개개인은 누구인지, 무슨 계율이 정해졌는지, 추가로 더 정해진 것은 무엇인지, 위반은 무엇이고, 위반 아닌 것은 무엇인지에 대하여 질문하였습니다.

　이와 같이 계속하여 두 번째 바라이 죄, 세 번째 바라이 죄 등등 하나하나 묻고 대답하여, 계율이 마무리될 때마다 5백 명의 대중이 함께 이것을 합송하여 확고히 한 후, 다음으로 넘어갔습니다. 계율에 대한 것을 마치고 다음으로 마하가섭 존자는 대중에게 말하였습니다.

　"존자들이여, 내 말을 들으십시오. 만일 대중이 옳다고 생각하시면 나는 아난 존자에게 부처님이 설하신 경에 대하여 질문하겠습니다."

　대중들이 "옳습니다"라고 대답하자 아난 존자는 대중들에게 말하였습니다.

　"존자들이여, 내 말을 들으십시오. 만일 대중이 옳다고 생각하시면 나는 가섭 존재가 부처님이 설하신 경전에 대하여 묻는 질문에 대답하겠습니다."

　대중들이 "옳습니다."라고 대답하자, 가섭 존자는 아난 존자에게 질문하였습니다.

　"아난 존자여, 어디에서 '디가 니까야'의 제일 첫 번째 경을 설하셨습니까?"

"라자가라와 날란다 사이에 있는 암발랏티까의 왕실 휴게소에 서였습니다."

"누구와 함께 계셨습니까?"

이어서 질문하기를 어떻게 경을 설하게 되었는지, 그리고 각각의 등장인물들에 대하여 질문하였습니다. 이와 같이 계속해서 두 번째 경, 세 번째 경에 대하여 질문하고 아난 존자는 대답하였습니다.

매번 경이 마무리될 때마다 5백 명의 대중들이 함께 경을 합송하여 확고히 한 후, 다음으로 넘어갔습니다. 경에 대한 질문과 대답이 끝난 후, 아난 존자는 이렇게 말하였습니다.

"존자님들이여, 부처님은 열반에 드실 무렵 저에게 이렇게 말씀하셨습니다. 아난아, 내가 열반한 후에 만일 승단이 원한다면 작고 중요하지 않은 규칙들을 폐지할 수도 있다."

"아난 존자여, 그대는 부처님께 무엇이 작고 중요하지 않은 규칙들인지 여쭈어 보았습니까?"

"여쭈어 보지 않았습니다."

"그러면 어떤 규칙들이 작고 중요하지 않은 계율입니까?"

이에 장로들은 각각 무엇이 작고 중요하지 않은 규칙들이라고 서로 다르게 주장하여 혼란이 일어났습니다. 그러므로 가섭 존자는 작고 중요하지 않은 규칙들의 폐지의 부당성을 설명하여 그냥 두기로 하였습니다. 이와 같이 질문과 대답에 이어 합송하여 율장과 경장이 결집되었습니다.

일차 결집은 7개월이 걸렸습니다. 5백 명의 장로 비구들은 합송한 율장과 경장을 다음 제자들에게 고스란히 전승하여 부처님의 가르침이 끊어지지 않게 해야 할 막중한 의무를 짊어지게 되었습니다.

이차 결집은 부처님 열반하신 백 년 후, 웨살리의 왈리까 승원에서 이루어졌습니다. 웨살리 왓지족 비구들은 부처님께서 작고 중요하지 않은 규칙은 폐지할 수도 있다고 하신 말에 근거를 삼아, 기본 계율에 어긋난 열 가지 새로운 조항을 정하여 공포하였습니다.

1. 싱거운 음식을 받았을 때, 간하기 위하여 뿔에다 소금을 간직할 수 있다.
2. 정해진 공양 시간 후에 태양 그림자가 두 손가락 넓이만큼 지날 때까지는 식사할 수 있다.
3. 공양을 하고서도 만일 초대가 있으면 마을에 가서 또 먹을 수 있다.
4. 같은 지역에 거주하는 비구들이 각각 따로 포살예식을 할 수 있다.
5. 일부 구성원들이 공식적인 일을 거행한 뒤 나중에 불참자의

동의를 구할 수 있다.

6. 스승이 행하였기 때문에 스승을 따라 그 일을 할 수 있다.

7. 공양한 후에도 버터가 되기 전의 유유를 마실 수 있다.

8. 발효되지 않은 야자 즙은 마실 수 있다.

9. 테두리가 없는 정해진 크기가 아닌 앉는 깔개를 사용할 수 있다.

10. 금과 은을 시주받을 수 있다.

이와 반대로 보수적인 비구들은 부처님께서 정한 계율은 어떠한 경우라도 바꾸어서는 안 된다고 주장했습니다. 이때 다른 지방 출신인 보수파 야사 존자가 웨살리에 도착하여 큰 숲에 있는 중각 강당에 머물렀습니다. 여기서 왓지 비구들의 생활을 보고 부처님의 계율에 어긋난 파계행위라고 생각하고, 정법을 수호하기 위해 정화운동을 벌입니다.

그리하여 빠와에서 60명, 아완띠에서 88명의 장로 비구들을 웨살리에 있는 왈리까 승원에 모이게 하였습니다. 이들은 부처님 당시의 모습대로 거의 다 숲에서 살며, 누더기를 입고, 세 가지 법의만 입고 탁발을 하면서 사는, 모두 아라한과를 증득한 존자들이었습니다. 그 외 많은 장로 비구들이 웨살리 왈리까 승원에 모였습니다. 그들은 정법을 수호하기 위하여 정화운동에 적극 참여하기로 결의하였습니다.

그중 레와따 존자를 의장으로 모시고 먼저 율장을 결집하기로 하였습니다. 레와따 존자는 일차 결집 시 5백 명 장로로부터 구전으로 이어오는 부처님 가르침을 전승받은 분입니다. 그는 경장과 율장의 전문가였고, 계목을 외우는 데도 제일가는 분이었습니다.

연사로는 삼바까민 존자가 맡았습니다. 그는 가장 나이가 많은 장로 비구로 웨살리에 머물고 있었습니다. 그는 계를 받은 지 120년이나 지났으며, 그는 아난 존자와 방을 함께 쓰기도 하였습니다. 의장인 레와따 존자가 대중에게 말하였습니다.

"존경하는 존자님들, 내 말을 들으십시오. 대중들이 옳다고 하시면, 나는 삼비까민 존자에게 계율에 관하여 질문하겠습니다."

대중들이 옳다고 대답하자, 이어 연사인 삼비까민 존자가 말하였습니다.

"존경하는 존자님들, 내 말을 들으십시오. 대중이 옳다고 하시면 나는 레와따 존자의 질문에 대답하겠습니다."

대중들이 허락하자, 레와따 존자는 삼비까민 존자에게 질문하였습니다.

"존자여, 소금을 위한 뿔에 관한 것이 무엇입니까?"

"싱거운 음식에 소금을 쳐서 맛을 즐기며 먹으려고 뿔 속에 소금을 가지고 다니는 것입니다."

"허락됩니까?"

"허락되지 않습니다."

"어디서 이것이 금지되었습니까?"

"사왓티에서, 숫따위방가에 있습니다."

"어떤 위반에 걸리는 것입니까?"

"저장된 것을 먹는 것에 대한 위반에 걸립니다."

"존경하는 존자님들이여, 승가 대중은 저의 말을 들으십시오. 이 첫 번째 조항은 승가에 의하여 검토되었습니다. 이것은 부처님 법에 어긋나며, 계율에 어긋나며, 부처님의 가르침이 아닙니다."

이런 식으로 열 가지 공식적인 질문과 답이 종결되고 잘 마무리 되었습니다. 이렇게 왓지 비구들이 공포한 열 가지 조항이 비법임을 확인하고 나서, 깔라소까 왕의 재정적 후원으로 율장과 경장을 재결집하였습니다. 이때 경장과 율장을 전승받은 장로 비구가 7백 명이었습니다. 또한 이들 장로 비구들에게 불법이 단절되지 않고, 널리 퍼지도록 해야 하는 막중한 임무가 주어졌습니다.

이와 반대로 개혁적 생각을 가지고 있는 젊은 대중부 비구들은 부처님께서 열반에 드실 무렵, 아난에게 말씀하신 한 마디를 상기시켰습니다.

"아난아, 내가 열반한 후에 만일 승단이 원한다면, 작고 중요하지 않은 규칙들을 폐지할 수도 있다."

그리하여 젊은 대중부 비구들은 자기들이 주장한 열 가지 조항이 부처님의 가르침과 계율에 어긋나지 않다고 주장하였습니다. 그들도 그들대로 모여 경장과 율장을 결집하였습니다. 이리하여 보수적인 상좌부와 개혁적인 대중부로 갈라지게 되었습니다. 이것이 분파 불교의 시작이었습니다. 보수적인 상좌부는 남방으로, 개혁적이 대중부는 북방으로 전파되면서 남방불교를 소승으로, 북방불교를 대승으로 부르게 되었던 것입니다.

3차 결집은 부처님께서 열반하신 200년 후, 아소카 왕 때 빠알리어로 결집된 것으로 추측됩니다. 왜냐하면 아소카 왕의 아들 마힌다 장로가 스리랑카에 불교를 빠알리어로 전했기 때문입니다. 전 인도를 통일한 아소카 왕은 불교에 귀의하여 장로 비구들로부터 부처님의 가르침을 듣고 지혜가 샘솟고 기쁨에 가득 차서 신하들에게 말하였습니다.

"부처님께서 온전한 8만 4천 가지의 가장 소중한 가르침을 주셨기 때문에, 나는 매 가르침을 존경하여 한 가지의 가르침에 하나의 승원을 세우겠노라. 즉 8만 4천 개의 승원을 세우겠다."

이리하여 각 마을마다 승원을 세웠습니다. 왕은 3년 안에 승원을 완성하고 부처님 전에 봉헌하는 축제를 7일 동안 개최하였습니다. 많은 왕족과 브라만들은 불교신도가 되었고, 불교신도가 된 자들은 왕의 혜택을 받아 부와 명성을 얻었습니다. 반대로 이교도들은 푸대접을 받아 명성을 잃고 불이익을 받았습니다. 이교도들은 명성과 이득이 줄자, 명성과 이득을 얻고자 거짓 불제자가 되어서 승단을 혼란에 빠뜨렸습니다.

　　위장 출가한 그들은 자신들의 교리가 법이고 계율이라고 선언 하면서 자신들의 교리를 제시하기도 하였습니다. 또 다른 무리들 은 스스로 머리를 깎고 노란 기사를 입고 이 사찰, 저 사찰을 돌아다니면서 정식 비구인 양, 포살예식과 자자예식 그리고 불교 승단의 공식적인 예식에 슬그머니 끼어들었습니다.

　　포살이란? 그믐날과 보름날에 동일지역의 스님들이 모여 계본 을 외우고, 잘못이 있으면 참회하는 예식입니다. 그리고 '자자'는 안거를 마친 스님들이 함께 모여, 안거 동안에 잘못이 있었으면 참회하고 반성하는 예식입니다. 이런 예식에 참석하여 부처님 법과 계율에 따른 정해진 원칙을 따르지 않고 부처님의 가르침을 헐고 다양한 형태의 난동을 일으키었습니다. 그래서 승단의 비구 들은 포살과 자자예식을 하지 않았습니다. 아소카 왕이 특별히 세운 아소카라마 승원에서는 7년 동안 포살예식을 하지 않았습니 다.

　　이런 사실을 알게 된 아소카 왕은 전통을 지키고 청정한 상좌부 최고 어른인 목갈리뿟따 띳사 장로를 초청하여 7일 동안 집중적 으로 부처님 가르침을 들은 후, 이교도들의 추방에 대한 논의를 하였습니다. 7일째 되던 날 아소카 왕은 비구들을 승원에 모이도 록 명하고, 왕은 포장을 치고 그 뒤에 앉아서 부처님 법이 아닌 다른 견해를 가진 이교도들을 가려내기 위해 질문을 하였습니다. "어떤 가르침을 부처님께서는 제시하셨습니까?"

이렇게 질문하자, 영원주의자들은 부처님은 영원주의자였다고 답하고, 유한주의자, 무한주의자, 궤변론자, 단멸론자, 회의론자, 유의식론자, 무의식론자 등 이들은 모두 자기들의 교리대로 답하였습니다.

왕은 부처님의 가르침을 이미 공부하였기 때문에 이들은 부처님 제자인 비구들이 아니고, 다른 교단에 속한 이교도들이라는 것을 알아차렸습니다. 그래서 왕은 그들에게 노란 가사를 벗기고 흰 속복을 입혀 승단에서 추방하였습니다. 이때 추방당한 이교도들의 숫자가 6만 명이었다고 합니다. 왕은 남은 비구들에게 물었습니다.

"무슨 가르침을 부처님께서 자세히 설명하셨습니까?"
"부처님께서는 분석적인 교리의 주창자이셨습니다."
비구들이 이렇게 답하자, 왕은 장로 비구에게 물었습니다.
"그렇습니다. 위대한 왕이여!"
이에 왕은 말하였습니다. "모든 존자님들, 이제 승단의 부처님 가르침은 깨끗해졌습니다. 이제 승단은 포살을 행하십시오."

'부처님께서는 분석적인 교리의 주창자이셨다'는 말은 초기 경전에 의거한 것입니다. 초기 경전을 보면, 5온, 6근, 6식, 6진, 12처, 18계, 12인연, 4성제, 8정도, 37보리분법으로 모든 분야를 해체 분석하여 설법하셨습니다.

이리하여 7년 만에 아소카라마 승원에서 포살의식을 행하였습니다. 첫 포살 때에 많은 상좌부 비구들이 참석하였으며, 이 행사에서 목갈리뿟다 띳사 장로는 이교도의 교리를 반박하는 논장인 까타왓수를 외웠습니다. 목갈리뿟다 띳사 장로는 아소카라마 승원에서 아소카 왕의 재정적인 지원을 받아 9개월 동안 3차 결집불사를 시작했습니다.

이때 띳사 장로는 의장이 되어 1차, 2차 결집 때 전승받은 전법 제자를 비롯하여 삼장에 통달하고 분석적인 통찰력이 깊고 지혜가 뛰어난 훌륭한 장로 비구들을 모았습니다. 이때 경장, 율장, 논장을 합송하여 전승받은 장로 비구가 1천 명이었습니다.

이교도들에 의하여 부처님 가르침이 오염되어 혼탁했을 때, 만약 아소카 왕이 정화시키지도 않고 또 경, 율, 논을 재결집하지 않았더라면, 초기 불전뿐만 아니라 불교가 사라졌을지도 모릅니다. 아소카 왕의 정화불사로 상좌부 비구들은 대접을 받았으나, 대중부 비구들은 이단으로 취급되어 노란 가사를 벗어야만 했습니다.

개혁적인 진보파 대중부 비구들도 새로운 승단을 만들고 스스로 대승(大乘)이라 하고, 보수파 상좌부를 소승(小乘)이라고 비하하였습니다. 그리고 대중부 비구들은 가장 천한 색인 흙빛 갈색 가사를 입었고, 그들 또한 통찰력과 지혜가 뛰어난 장로 비구들이 모여 경장, 율장, 논장을 결집하여 산스크리트어로 기록하기 시작했습니다. 이렇게 생긴 경이 패엽경입니다. 대중부 비구들에 의하여 이루어진 대승경들은 언제 어디서 어느 장로 비구들에 의하여 결집이 되었는지 확실한 기록이 없습니다. 대중부 비구들은 국가의 보호를 받지 못했기 때문에 소수 장로들이 모여 오랜 세월 동안 경이 결집되었습니다.

형식에 집착한 보수적인 상좌 불교를 신봉하기 위해서는, 부처님이 활동하시던 당시의 인도처럼 기후가 사시사철 더워야 하고, 국민 대부분이 불교를 신봉해야 합니다. 왜냐하면 율장에 정해진 대로 비구들이 생활을 하려면 겨울이 있는 북방 지방에서는 곤란합니다. 비구들은 삼의만 입을 수 있고 추위를 막을 수 있는 속내의를 입을 수 없으며, 시내에 나가서 걸식을 할 때는 맨발로 다녀야 하기 때문입니다. 그래서 인도, 스리랑카, 미얀마, 태국 같은 남방 국가는 가능하지만, 티베트, 중국, 한국, 일본 같은 겨울이 있는 북방 국가는 불가능합니다. 또 사회적 구조상 매 때 공양시 마을에 내려가 걸식을 할 수 없습니다.

대승(大乘)이라 함은 큰 수레라는 의미로, 자기 혼자만이 불난 집을 벗어나지 않고 많은 사람을 큰 수레에 태우고 불난 집을 벗어난다는 뜻입니다. 소승(小乘)은 작은 수레로서 자기 본인만 수레를 타고 불난 집을 벗어난다는 뜻으로 상좌부 비구들을 비하하는 말입니다.

대승계인 보살계에서는 앉아서 계를 받고 서서 계를 파할 줄 알아야 한다고 합니다. 지범계차(持犯戒遮)를 잘 할 줄 알아야 한다는 뜻입니다. 지범계차는 계(戒)를 지킴에 있어서 어떤 때는 산목숨을 살려주기 위하여 방편으로 계를 어길 수도 있으나, 어떤 때는 죽는 한이 있더라도 계율을 어기지 않습니다. 비유하자면 이렇습니다. 한 수행자가 숲속을 걷고 있는데, 사슴이 무엇엔가 쫓기는 듯 서쪽으로 달아나는 것을 보았습니다. 조금 있으니 사냥꾼이 달려와서 수행자에게 묻기를 "사슴이 어느 쪽으로 갔습니까?" 하고 묻는다면, 대승이라면 반대쪽인 동쪽을 가리키고, 소승이라면 사실대로 서쪽을 가리킵니다.

소승인 상좌부는 부처님의 행을 닮고자 하고, 대승인 대중부는 부처님의 마음에 계합하고자 합니다.

아소카 왕은 불교정화와 삼차 결집불사를 성공적으로 마치고 부처님의 가르침을 널리 전파하기 위하여 시리아, 이집트, 마케도니아, 그리스, 스리랑카 등 아홉 개 지역으로 전법 사절단을 보냈습니다. 이때 아소카 왕은 스리랑카에 당신의 아들인 마힌다 장로 외 네 명의 장로를 보냈습니다.

마힌다 장로는 비구계를 받은 지 12년, 나이는 32살이었습니다. 마힌다 장로와 동료들은 여러 개의 승원을 세웠고, 많은 젊은이들에게 계를 주었으며, 아라한과를 증득한 56명의 비구들에게 빠알리어로 경, 율, 논 삼장을 전수시켰습니다. 마힌다 장로가 열반한 지 120년 뒤, 스리랑카 장로 비구들이 미래를 걱정하여 지금까지 구전으로 내려오는 빠알리어 경장, 율장,

논장을 잘 정리하여 싱할리어(스리랑카 고어) 문자로 팜나무 이파리에 기록하게 되었습니다. 중인도 말인 빠알리어는 말은 있으나 문자가 없었으며, 스리랑카에는 소리글인 싱할리어 문자가 있어서 빠알리어 경, 율, 논을 소리나는 대로 기록하였습니다.

이것이 4차 결집입니다. 이때가 BC 94~80년으로, 15년 간 마딸레 지방 바위사원 알루위하라 승원에서 이루어졌습니다. 이렇게 기록한 빠알리어 경율론 삼장은 바위굴 깊숙이 감추어 간직되었습니다. 이때 5백 명의 장로 비구가 경장, 율장, 논장을 집대성하여 합송하고 전승을 받았습니다. 그런 뒤 1,880년의 세월이 지난 서기 1800년에 폐사가 된 지 오래된 바위사원 알루위하라 절터에서 우연히 어느 농부에 의하여 감추어졌던 동굴 속 빠알리어 경전이 발견되었습니다.

그 뒤 1826년에 영국인 크리스찬 라센이 『빠알리어에 대한 평론』을 발표하여 세상에 알려졌습니다. 스리랑카는 443년 동안 포르투갈, 네덜란드, 영국의 식민지가 되어 불교가 다른 종교의 핍박을 받아 거의 소멸할 때도 있었습니다. 만약 1,880년 전에 스리랑카 장로 비구들이 빠알리어 경전을 집대성하여 문자로 기록하여 바위굴 속에 감추어두지 않았다면, 오늘날 부처님의 초기 경전의 진수를 우리는 접하지 못했을 것입니다.

제5강

위빠간화선 수행

수행을 시작하기 전에 먼저 '지금 무슨 마음가짐인가?'하고 현재의 마음을 알아차린다. 바라는 마음이나 근심걱정이 있으면 알아차림을 할 수가 없기 때문에 먼저 그 마음을 알아차리면서 편안해진 마음에서 수행을 시작한다.

선지식으로부터 화두를 받은 분은 그 화두를 들되, 화두를 따로 받지 않은 분은 "이 뭣고?" 화두를 들면 된다. "이 뭣고?"는 '나는 누구인가?'와 같은 뜻이다.

나는 누구인가? 뼈와 살로 이루어진 이 몸은 내가 아니다. 시각, 청각, 후각, 미각, 촉각 등의 다섯 가지 감각기관은 내가 아니다. 말하고 움직이고 붙잡고 배설하고 생식하는 다섯 가지 운동기관은 내가 아니다, 호흡으로 몸에 흐르는 기(氣)도 내가 아니다. 생각하는 마음도 내가 아니다. 내면에 잠재되어 있는 무의식도 내가 아니다.

이 모든 것이 내가 아니라면 나는 누구인가? 이 모든 것들을 "내가 아니다."라고 부정하고 나면, 그것들을 지켜보는 각성만이 남는다. 이는 사량분별심으로는 알 수 없다. 이것이 '참나'이다. "이 뭣고?" 하고 알 수 없는 참나를 참구한다.

위빠간화선은 위빠사나와 간화선의 합성어입니다. 위빠사나 수행의 장점과 사마타인 간화선 수행의 장점을 잘 살리어 효율성을 높인 새로 창안된 수행법입니다. 위빠사나는 대상을 분리해 놓고 있는 그대로 알아차리는 수행이고, 간화선은 사마타로서 수행의 주제인 화두를 정해 놓고 거기에 의정을 일으키어 의정을 관(觀)하는 수행입니다. 간화선은 수행 주제인 화두를 선택하는 일이 중요합니다. 화두는 내가 믿고 의지하며 계속적으로 지도를 받고자 하는 선지식에게 받습니다.

화두(話頭)를 공안(公案)이라고 합니다. 공안은 정부가 확정한 법률안이고, 백성이 준수해야만 하는 공문서입니다. 마치 관문을 통과할 수 있는 자격을 부여하기 위해 정부가 발급한 통행증과 같습니다. 그러나 선문(禪門)에서는 선지식의 말이나 동작들을 기록하여 간화선을 수행하는 수행자들이 수행 주제로 삼아 참구하는 테마로서 일천칠백 가지가 있습니다.

도(道)에는 안팎이 있을 수 없으며, 또한 나고듦이 있을 수 없습니다. 그런데 선(禪)에 어찌 관문(關門)이 있겠습니까? 그러나 도를 닦음에 있어서 사람에게는 깨닫는 자와 미혹된 자가 있으므로 이에 큰 선지식이 관문지기가 되어서 시기에 맞춰 관문을 열고 닫으며, 자물쇠를 잘 단속합니다. 또한 사실을 엄히 감정함으로써 말과 복장을 달리하여 슬며시 법도를 뛰어넘어 가려는 자를 색출해 냅니다. 그래서 관문을 통과하기가 쉽지 않습니다.

관문지기인 선지식은 학인과 선문답으로 옥석을 가려냈습니다. 그래서 간화선은 선문답(禪問答)이 중요합니다. 간화선은 중국에서 시작된 사마타의 극치입니다. 그러나 처음 그 시작은 미미했습니다. 마치 큰 강의 발원지는 조그마한 옹달샘인 것과 마찬가지입니다.

중국 당나라 때 회양선사는 15세에 출가하여 경장과 율장을 공부하여 불교 교리에 대하여 막힘이 없었습니다. 그가 숭산에 계시는 혜안화상 밑에 있을 때, 혜안화상이 조계산에 가서 육조 혜능대사를 뵙고 법을 물어보라고 하였습니다. 그리하여 여러 날을 걸어서 조계산에 가서 혜능대사를 뵈었습니다. 혜능대사가 회양에게 물었습니다.

"어디서 왔는가?"
"숭산에서 왔습니다."
"어떤 물건이 이렇게 왔는가?"

이 한 마디 물음에 꽉 막혀 앞뒤 생각이 끊기고 마음 깊이 멸해 버렸습니다. 이 몸뚱이는 숨 한 번 들이켰다가 내쉬지 못하면 송장입니다. 어떤 물건이 여기까지 오게 되었는가?

회양선사는 그 답을 불교경전 어디에서도 찾을 수 없고, 속서인 제자백가에서도 찾을 수 없었습니다. 화엄경, 법화경, 금강경 등 어떤 경에서라도 불교에 관한 질문이면 대답할 자신이 있었으나, "어떤 물건이 이렇게 왔는가?"라는 물음에 앞뒤가 꽉 막히고 말았습니다. 그는 아무 대답도 하지 못한 채 일어나 돌아와야만 했습니다. 자신이 너무도 초라하게 느껴졌습니다. 그의 마음에는 분함이 솟구치며, 또한 "이 무슨 물건인고?" 하는 의심이 가슴 깊이 사무치기 시작하였습니다. 이런 일이 있은 뒤로는 앉으나 서나 가나 오나 밥 먹고 차 마시고 일체처 일체시에 "이 무슨 물건인고?" 하는 의심이 가슴을 짓눌렀습니다. 바로 "이 무슨 물건인고?"가 줄어서 "이 뭣고?" 화두가 된 것입니다.

화두는 이렇게 회양선사처럼 자연스럽게 가슴속에서 사무쳐 솟구쳐 일어나야 합니다. 길 잃은 어린애가 엄마를 찾듯이, 목마른 자가 물을 찾듯이 간절해야 합니다. 회양선사는 이렇게 "이 무슨 물건인고?"라는 의심덩어리를 안고 8년 동안 지내다가, 어느 날 화두삼매에 깊이 빠졌다가 깨어나면서 확철대오 하였습니다. 곧바로 혜능대사를 찾아가니 대사가 전과 같이 물었습니다.

"어떤 물건이 이렇게 왔는가?"
"한 물건이라고 해도 맞지 않습니다."

"닦아서 증득할 수 있겠는가?"

"닦아 증득하는 일은 없을 수 없으나, 더럽힐 수는 없습니다."

"이 더럽힐 수 없는 것만이 부처님들이 걱정해주신 바이다. 그대도 그렇고, 나도 그렇다."

육조 혜능대사는 회양이 깨달았음을 인가하신 것입니다. 이 일이 간화선의 발단(發端)입니다. 이렇게 육조 혜능대사와 남악 회양선사 사이에서 간화선이 탄생하여 450년 뒤 대혜종고 선사에 의하여 중국 천하에 크게 번창하게 됩니다. 승가뿐만 아니라 속세 사대부들도 간화선을 닦은 자들이 많았습니다. 이때 대혜종고 선사가 귀양살이를 가자 사대부들이 서찰을 보내어 선을 물었고, 그에 답한 내용이 『서장』(書狀)이라는 책으로 세상에 나오자 간화선의 교과서기 되어 지금까지 중국선의 주류를 이루었습니다.

그래서 대혜종고 선사는 간화선을 부흥시킨 중흥조입니다. "이 뭣고?" 화두는 간화선의 대표 화두가 되어 간화선 수행자들이 제일 많이 참구하는 화두가 되었습니다.

부처님은 어떤 분이시며, 어째서 출가하셨으며, 어떤 스승을 만나 어떤 수행으로 깨달음을 얻으셨고, 그 깨달음은 무엇이며, 최초 설하신 법은 무엇인가?

히말라야 산맥 남쪽 기슭에 사카족이 살고 있었습니다. 지금의 네팔 타라이 지방에 카필라라는 조그마한 왕국에서 아버지 숫도

다나 왕, 어머니 마야 왕비 사이에서 한 아이가 태어났습니다. 부왕 숫도다나 왕은 갓 태어난 태자를 고타마 싯다르타라고 이름지었습니다. 고타마는 씨족인 성이고, 싯다르타는 이름인데, '모든 일이 다 이루어진다'라는 뜻입니다.

불행히도 어머니 마야 왕비는 태자를 낳은 지 이레 만에 세상을 떠나고 태자는 이모인 마하파자파티 밑에서 자랐습니다. 싯다르타가 나이 열대여섯 살이 되자 궁 밖의 백성들이 어떻게 살아가는지 궁금증이 생겼습니다. 그리하여 부왕의 허락을 받고 성 밖에 나가 백성들의 삶을 보았습니다. 궁성 안의 화려한 생활과는 너무나 달랐습니다. 태자는 백성들이 헐벗고 굶주리고 늙고 병들어 죽어가는 것을 보았습니다. 비참한 백성들의 삶을 보고 깊은 시름에 빠졌습니다. 무엇보다도 사람은 태어나면 늙고 병들어 죽어야만 한다는 사실에 큰 충격을 받았습니다.

'아! 이 세상은 괴로운 세상이다. 이렇게 괴로운 세상 차라리 태어나지 말아야 하는데, 왜 태어나야만 하는가? 태어나면 늙어지고 늙으면 병들고 죽어야 하니, 이런 괴로움에서 벗어나는 길은 없을까?' 이런 생각에 여러 날을 괴로워하다가, 어느 날 시종을 데리고 궁성을 나와 우람한 수목들이 들어선 숲속 길을 가다가 나무 아래에서 결가부좌를 하고 있는 출가 사문을 보았습니다. 태자는 시종에게 물었습니다.

"저 사람은 무엇 하는 사람이냐?"

"저 사람은 출가 사문으로, 세상의 모든 일을 버리고 집을 나와 도를 닦는 수행자입니다."

태자는 수레에서 내려 사문에게 가까이 가서 물었습니다.

"출가한 사문에게는 무슨 이익이 있습니까?"

"나는 일찍이 세상에서 늙음과 질병과 죽음의 고통을 내 자신과 이웃을 통하여 맛보았소. 그리고 모든 것이 덧없다는 것을 알았소. 그래서 부모와 형제를 이별하고 집을 떠나 고요한 곳에서 이 고통으로부터 벗어나기 위해 수행의 길을 닦고 있소. 내가 가는 길은 세속에 물들지 않는 평안의 길이라오."

이 말을 들은 싯다르타 태자는 칠흑같이 어두운 밤에 길을 잃고 헤매던 길손이 밝은 등불을 만난 듯 기뻤습니다. 싯다르타 태자는 이렇게 생각했습니다. '나처럼 늙음과 질병과 죽음의 고통을 벗어나기 위한 방법을 찾기 위해 고민하는 사람들이 있구나. 이 세상 어디엔가 생로병사의 문제를 해결한 큰 스승이 있으리라. 나도 그 스승을 찾아가서 가르침을 받아야겠다. 그러려면 이 왕궁을 떠나야 한다.'

그날로부터 태자는 출가를 마음속 깊이 굳게 결심하였습니다. 그리하여 태자는 부왕에게 출가하여 사문이 되겠다고 말하였습니다. 이 말을 들은 숫도다나 왕은 깜짝 놀랐고, '어떻게 하면 태자의 마음을 궁중에 붙잡아 둘 수 있을까?' 하고 여러 가지로 궁리하게 되었습니다. 부왕은 궁리 끝에 '아름다운 여성을 찾아서 태자와 결혼을 시켜야겠다. 아름다운 여성이 태자의 아내가 되어 곁에 있으면, 명상에 잠기지 못할 것이고, 사문이 되려는 생각도 일어나지 않을 것이다.'라고 생각하여 태자를 불러 말하였습니다.

"네가 결혼하여 아들을 낳아 대를 잇게 한다면, 출가를 허락하겠노라."

그리고 나서 부왕은 금세공에게 절세미인의 상을 만들게 하여 신하들에게 보이면서, 이와 같은 미인을 찾아오도록 명하였습니다. 그러자 한 신하가 부호 단다피니의 딸 고오파를 데리고 왔습니다. 이리하여 태자 나이 17세 때 첫 결혼을 하게 되었습니다. 하지만 해가 세 번이나 바뀌어도 태자비가 아이를 갖지 않자, 마음이 조급해진 부왕은 동생의 딸 아쇼다라를 태자비로 정했습니다. 그러나 10년이 다 되어도 아쇼다라 역시 아이를 갖지 못하자, 태자 나이 29세 때 세 번째 태자비를 들입니다.

싯다르타 태자는 생각했습니다. '이러다가는 열 번, 스무 번 결혼을 하겠구나. 부왕이 손자를 원하니 하는 수 없다.'라고 생각하여 아쇼다라와 잠자리를 가져 아이를 갖게 하였습니다. 아쇼다라가 아기를 가진 지 열 달이 된 어느 날, 시종이 태자에게 쫓아와서 태자비가 아기를 낳았다고 아뢰었습니다. 태자가 물었습니다.

"아들이냐, 딸이냐?"

"아들입니다."

태자는 그 말을 듣자마자 "아, 이제야 장애를 벗어났구나."라고 외쳤습니다. 그리고 태자는 생각했습니다. '부왕께 가서 아들을 낳았으니 출가를 허락해 달라고 한다면, 또 다른 숙제를 주어 출가를 막을 것이다. 지금 내 나이 스물아홉이다. 이제는 하루도 지체할 수 없다.'

부모님께 인사도 없이 가출한다는 것은 불효인 줄 알지만, 마음이 간절해진 태자는 하는 수 없었습니다. 그리하여 그날 밤, 시종 찬타가를 깨워 말을 끌고 나오도록 하여 왕궁을 벗어나 출가를 하였습니다. 왕궁을 벗어난 싯다르타는 훌륭한 스승을 찾아 이곳저곳을 헤매다가 어떤 수행승에게 박가바라는 선인(仙人)의 이야기를 듣고, 그가 고행하고 있는 숲을 찾아갔습니다. 박가바 선인의 제자들은 남이 흉내낼 수 없는 어려운 고행을 하고 있었습니다. 싯다르타는 박가바에게 물었습니다.

"무엇 때문에 이 같은 고행을 합니까?"
"천상에 태어나기 위해서라오."
"천상에 태어나면 늙고 병들고 죽음이 없습니까?"
"그것은 알 수 없습니다."

하룻밤을 그곳에서 머문 싯다르타는 길을 떠났습니다. 박가바의 제자들로부터 남쪽으로 가면 아라라 칼라마라는 훌륭한 선인이 있다는 말을 들었습니다. 싯다르타는 여러 날을 걸어서 아라라

칼라마가 있는 곳에 이르렀습니다. 아라라는 나이가 많았으나, 아직도 건장했습니다. 그는 싯다르타를 기꺼이 맞이해 주었습니다. 그는 마음의 작용이 정지되는 무념무상(無念無想)의 상태에 이르는 수행을 가르치고 있었습니다. 그때 아라라 선인 밑에는 수백 명의 제자가 있었습니다.

싯다르타는 다른 제자들이 도저히 따를 수 없는 정열과 용맹심으로 밤잠을 안 자고 열심히 수행을 하였습니다. 싯다르타는 결국 스승이 가르쳐준 경지에 이르고야 말았습니다. 스승은 깜짝 놀랐습니다.

"자네는 이미 내가 얻은 경지에 도달하였네. 이제는 나와 함께 우리 교단을 이끌어 가세."

싯다르타는 그에게 물었습니다.

"무념무아의 경지를 얻으면 생로병사의 윤회에서 벗어날 수 있습니까?"

"벗어날 수 없다네."

싯다르타는 무념무상의 상태가 위없는 열반의 경지가 아님을 알고, 보다 높은 수행을 위해 아라라 선인과 하직하고 다시 길을 떠났습니다. 싯다르타는 웃다카 라마풋타라는 선인을 찾아가 그에게서 가르침을 받았습니다. 웃다카는 700명의 제자들에게 사유(思惟)를 초월하여 순수한 사상만 남는 비상비비상처(非想非非想處)의 경지에 이르는 길을 가르치고 있었습니다.

싯다르타는 얼마 안 되어 또 웃다카 스승의 경지에 이르게 되었습니다. 웃다카는 젊은 싯다르타를 경외하며 함께 교단을 이끌어 가자고 했습니다. 싯다르타는 스승에게 물었습니다.

"비상비비상처의 경지에 이르면 생로병사의 윤회에서 벗어나 해탈할 수 있습니까?"

"그럴 수 없다네."

싯다르타는 자기가 출가한 궁극의 목적은 늙음과 병듦과 죽음에서 해탈하여 열반을 성취하는 데 있음을 말하고 그곳을 떠났습니다.

싯다르타는 생각했습니다. '어디를 찾아가 봐도 내가 의지해 배울 스승은 없다. 이제는 나 자신이 스승이 될 수밖에 없다. 그렇다. 나 혼자 힘으로 깨달아야만 한다.'

싯다르타는 마갈타국 가야라는 곳에서 멀지 않은 네란자라 강가 아름다운 숲에 머물면서 계속 수행을 하기로 마음먹었습니다.

이때 웃다카 교단에서 수도하던 다섯 사문들이 싯다르타의 뒤를 따르기로 했습니다. 이들은 이런 생각을 했습니다. '우리는 오랫동안 수행했지만 스승의 경지에 이르지 못했다. 그러나 이 젊은이는 짧은 시간에 스승과 같은 경지에 이르렀다. 그리고도 만족하지 않고 보다 높은 경지를 향해 수행하려고 하지 않는가.

이분은 결코 범상한 인물이 아니다. 반드시 최고 경지에 도달할 분이다.'

싯다르타는 이런 결심을 했습니다. '사문들 가운데는 탐욕과 집착에 얽힌 채 겉으로만 고행하는 사람들이 있다. 이런 사람들은 마치 젖은 나무에 불을 붙이려는 어리석은 사람과 같다. 몸과 마음이 탐욕과 집착을 떠나 고요히 자리잡고 있어야 그 고행을 통해서 최고의 경지에 이를 수 있으리라.'

싯다르타는 먹고 자는 것도 잊어버릴 정도로 몇 톨의 낟알, 곡식과 몇 모금의 물로 하루를 보내는 고행을 하면서 보냈습니다. 그러자 몸은 뼈만 남은 앙상한 몰골로 변했습니다. 곁에서 수행하던 다섯 사문들은 너무도 혹독한 싯다르타의 고행을 보고 그저 경탄의 소리를 되풀이할 뿐이었습니다. 이렇게 뼈를 깎는 고행이 어느 정도 수행에 보탬을 주기는 했지만, 그가 근본적으로 바라는 깨달음에는 아직도 이르지 못했습니다.

번뇌의 불꽃은 꺼지지 않았고, 생사의 문제도 풀리지 않았습니다. 싯다르타는 생각했습니다. '내 육신은 이제 너무 허약해져 있다. 이러한 상태의 몸으로는 도를 성취할 수 없을 것 같다. 만약 이러한 상태로 도를 이룬다면, 모든 사람들이 굶주림의 고통이 바로 깨달음을 얻게 한다고 할 것이다. 이제 굶주림의 고행을 그만두고 세상 사람들의 음식을 받아먹고 체력을 회복한 후 깨달음의 도량에 나아가야겠다.'

그러고는 일어나 네란자라 강에 들어가 몸을 깨끗이 씻었습니다. 그리고 나서 우루벨라 마을로 들어가 탁발을 하였습니다. 이때 수자타가 우유죽을 발우에 담아 보시하였습니다. 싯다르타는 한동안 우루벨라 마을 근처에서 수행을 하면서, 일반 사문과 같이 공양 때면 마을에 들어가 탁발을 하여 음식을 먹었습니다. 그를 따르던 다섯 사문들은 여전히 엄격한 금욕 수행이 깨달음을 얻는 유일한 길이라고 굳게 믿고 있었습니다. 또한 그들은 싯다르타가 금욕 수행을 그만두고 정상적으로 먹는 습관으로 돌아가자, 싯다르타를 타락한 사문이라고 생각하고, 그를 홀로 남겨둔 채 바라나시 녹야원으로 떠나갔습니다.

체력을 회복한 싯다르타는 홀로 숲속에 들어가, 커다란 보리수 아래 단정히 결가부좌를 하고 동쪽을 향하여 앉았습니다.

그는 다시 비장한 맹세를 하였습니다. '이 자리에서 육신이 다 죽어 없어져도 좋다. 우주 생명의 실상(實相) 생로병사의 근원을 깨닫기 전에는 이 자리를 떠나지 않으리라.'

싯다르타는 평온하고 가벼운 마음으로 깊은 명상에 잠겼습니다. 이렇게 해서 이레째 되는 날 새벽이 되었습니다. 신비로운 고요에 싸인 새벽, 깊은 명상에 잠겨 있던 싯다르타는 문득 동쪽 하늘에 떠 있는 샛별을 보고 깨달음을 얻었습니다.

'인류와 또 다른 지각 있는 존재인 중생들이 살아가는 이 광활한 고통의 바다는 삶과 죽음이 끝나지 않고 윤회한다. 이

108

윤회의 원인은 무명(無明) 때문이요, 무명은 덧없는 쾌락에 집착하기 때문이다. 윤회를 벗어나기 위한 유일한 방법은 모든 탐욕을 완전히 소멸시키는 데 있다.' 이렇게 깨닫고, 모든 번뇌와 망상이 완전히 끊어진 누진통(漏盡通)을 얻었습니다. 그는 모든 욕망과 환상으로부터 자유로워졌고, 모든 고통의 원인과 그것을 제거하는 방법을 찾았습니다. 그 누구도 경험할 수 없었던 으뜸가는 열반의 경지를 스스로 깨달아 얻은 것입니다. 그때 싯다르타의 나이 서른다섯 살이었습니다.

싯다르타는 웃다카 선인으로부터 비상비비상처의 수행법을 터득하였으나, 그것이 싯다르타가 바라는 궁극적 목적인 생로병사로부터 해탈하는 열반이 아님을 알고 그곳을 떠났습니다. 그리하여 그는 홀로 깨달음을 위한 수행법을 찾아야만 했습니다. 부처님께서는 어떤 수행을 통해서 깨달음을 성취하였을까요?

부처님의 성도 과정을 언급하고 있는 초기 경전 『맛지마 니까야』, 『삿짜까 긴경』의 주석서에는 부처님께서 "들숨 날숨에 대한 마음챙김(出入息念)을 통해서 증득한 초선이 깨달음을 얻은 길이었다."라고 되어 있습니다.

부처를 이룬 싯다르타는 깨닫고 나서 일곱 이레 동안 깨달은 경지를 고요히 앉아 음미하면서, 이 깊고 높은 경지의 깨달음을 누구에게 전할 것인가를 생각하다가 마지막 스승이었던 아라라와 웃다카를 생각했으나, 그들은 아깝게도 모두 얼마 전에 세상을 떠났음을 알았습니다. 그 다음으로 떠오른 사람이 네란자라 강가에서 함께 수행하던 다섯 사문들이었습니다.

부처님은 그들이 사슴 동산에 있는 것을 천안통으로 아시고, 사슴 동산이 있는 바라나시까지 여러 날을 걸어서 갔습니다. 부처님께서 사슴 동산에 이르렀을 때 다섯 사문들은 전과 다름없이 고행을 계속하고 있었습니다. 부처님은 천천히 그들이 앉아 있는 곳까지 가셨습니다. 부처님의 거룩한 모습에서 풍기는 평화와 자비스런 형언할 수 없는 힘과 고결하고 찬란한 후광을 보고, 사문들은 자신들도 모르게 그 자리에서 일어나 공손히 머리 숙여 인사를 드렸습니다. 그리고 서둘러 앉을 자리를 마련해 드렸습니다. 부처님께서는 설법을 하시기 시작했습니다.

"수행의 길을 걷고 있는 사문들이여, 이 세상에는 두 가지 극단으로 치우치는 길이 있다. 사문은 그 어느 쪽에도 치우치지 말아야 한다. 두 가지 치우친 길이란, 하나는 육체의 요구대로 자신을 내맡겨 버리는 쾌락의 길이고, 또 하나는 육체를 지나치게 학대하는 고행의 길이다. 사문은 이 두 가지 극단을 버리고 중도(中道)를 배워야 한다. 나는 바로 이 중도의 이치를 깨달아 열반에 도달하였다. 그리하여 내가 깨닫고자 한 궁극적 목적인 생사윤회의 근원과 생사윤회의 고리를 끊는 방법을 알았다."

이런 부처님의 최초의 설법을 들은 다섯 사문들은 부처님께 제자가 되길 원하여 삭발해 줄 것을 요청했으며, 그리하여 최초의 비구가 되었습니다. 부처님은 생사윤회의 근원과 윤회의 고리인 12연기법과 윤회의 고리를 끊게 하는 사성제, 팔정도를 자세히 설하셨습니다.

"무명(無明)을 조건으로 의도적 행위가, 의도적 행위의 조건으로 알음알이가, 알음알이를 조건으로 정신과 물질이, 정신과 물질을 조건으로 여섯 감각 장소가, 여섯 감각 장소를 조건으로 느낌이, 이 느낌을 조건으로 갈애가, 갈애를 조건으로 취착이, 취착을 조건으로 존재가, 존재를 조건으로 태어남이, 태어남을 조건으로 늙음, 죽음과 근심, 탄식, 육체적 고통, 정신적 고통, 절망이 발생한다. 이와 같이 전체 괴로움의 무더기[苦蘊]가 발생한다.

그러나 무명이 남김없이 빛바래어 소멸하면 의도적 행위들이 소멸하고, 의도적 행위들이 소멸하면 알음알이가 소멸하고, 알음알이가 소멸하면 정신과 물질이 소멸하고, 정신과 물질이 소멸하면 여섯 감각 작용이 소멸하고, 여섯 감각 작용이 소멸하면 감각 접촉이 소멸하고, 감각 접촉이 소멸하면 느낌이 소멸하고, 느낌이 소멸하면 갈애가 소멸하고, 갈애가 소멸하면 취착이 소멸하고, 취착이 소멸하면 존재가 소멸하고, 존재가 소멸하면 태어남이 소멸하고, 태어남이 소멸하기 때문에 늙음, 죽음, 근심, 탄식, 육체적 고통, 정신적 고통, 절망이 소멸한다. 이와 같이 전체 괴로움의 무더기가 소멸한다."(『연기경』)

무명에서 노사까지의 12연기는 생사윤회의 발생구조와 소멸 구조를 설명한 것입니다. 그리고 괴로움[苦]과 괴로움의 일어남 [集]과 괴로움의 소멸[滅]과 괴로움의 소멸로 인도하는 도 닦음 [道]으로 정리되는 불교의 진리인 사성제(四聖諦)는, 생사윤회의 고리를 끊은 대해탈의 열반을 증득하게 합니다.

1. 무명(無明) : 다겁생의 업

무명은 윤회의 근원입니다. 무명은 밝음이 없는 무지입니다. 다시 말하면 헤아릴 수 없는 동안 윤회하면서 제팔아뢰야식에 쌓인 업입니다. 카르마라고도 합니다. 이 업(業)은 마치 거울에 쌓인 두꺼운 먼지 같아서 맑고 밝은 거울의 빛을 차단하여 광명을 발하지 못하게 합니다. 하지만 먼지에 덮인 거울의 바탕이 맑고 밝듯이, 무명 속에는 맑고 밝은 진여(眞如)가 감추어져 있습니다.

2. 행(行) : 의도적 행위

행은 의도적 행위로서 남녀가 사랑 행위를 할 때, 여자의 자궁 안으로 뛰어드는 행위입니다. 남자 쪽을 탐착하여 뛰어들면 여자아이로, 여자 쪽을 탐착하여 뛰어들면 남자아이가 되어 태어 나게 됩니다. 이 우주의 만물은 음양(陰陽)의 기(氣)를 가지고 있어서 음은 양을, 양은 음을 끌어당기기 때문입니다. 지구도 하나의 커다란 자석입니다. 자석이라면 미국 알래스카 쪽은 N, S 중 어느 극이겠습니까? 나침반의 침이 가리키는 극을 보면 알 수 있습니다.

3. 식(識) : 알음알이

초기 경전에서 부처님이 아난에게 말씀하셨습니다. "아난아, 만일 알음알이가 모태에 들지 않았는데도 정신, 물질이 모태에서 발달하겠는가?" 난자와 정자가 결합하여 모태의 자궁벽에 안착하여, 여기서 어머니로부터 영양분을 공급받아 열 달 동안 자라게 됩니다.

4. 명색(名色) : 정신과 물질

명(名)은 오온 중 수(受), 상(想), 행(行), 식(識)이고, 색(色)은 물질로 이루어진 몸통입니다. 잉태하여 2~3개월이 되면 오온이 형성되어 사람 모양을 갖추어 나가기 시작합니다.

5. 육입(六入) : 여섯 감각 장소

눈, 코, 귀, 혀, 촉각(피부), 의(뇌)의 여섯 감각기관이 잉태한 지 5~6개월이면, 거의 다 갖추어집니다. 뇌는 1,500억~1,800억 개의 '뉴런'이라는 뇌세포로 되어 있습니다. 이 시기면 뇌세포

조직의 60%는 형성됩니다. 이 시기부터는 엄마 마음의 감정을 느끼어 엄마가 불안할 때 태아도 불안하고, 엄마가 기쁠 때 태아도 기뻐합니다. 그래서 임산부는 특별히 마음수행을 잘해야 합니다. 스트레스를 받거나, 불안, 초조, 미움, 증오 같은 부정적인 감정을 가지면 부정적인 감정을 가진 정서불안증 아이가 태어납니다.

6. 촉(觸) : 감각 접촉

태아가 열 달이 지나면 이 세상에 태어납니다. 태어난 어린애는 눈, 귀, 코, 촉각(피부), 의(뇌)로 바깥계인 색상, 소리, 냄새, 맛, 감촉, 사건을 접촉하게 됩니다.

7. 수(受) : 느낌

여섯 가지 감각 기관으로 여섯 가지 바깥경계를 감촉했을 때, 좋으면 즐거움을, 나쁘면 괴로움을, 좋지도 않고 나쁘지도 않으면 덤덤함을 느낍니다. 이렇게 바깥경계를 받아들여 느낍니다.

8. 애(愛) : 갈애

남자나 여자나 사춘기부터는 바깥경계의 유혹에 빠져 갈애가 생깁니다. 마음에 든 연인이 생기면 사랑하고 싶고, 좋은 옷을 입고 싶어지고, 맛있는 음식을 먹고 싶고, 좋은 차를 갖고 싶고, 인기 있는 연예인이 되고 싶고, 좋은 직장을 갖고 싶은 갈애가 생깁니다.

9. 취(取) : 취착

성인이 되면 사랑, 명예, 재물, 권력에 집착하여 끝없는 탐심으로 온갖 사물에 취착합니다. 이것들이 이루어지지 않을 때, 고(苦)가 생깁니다. 사랑 때문에 애증이 생기고, 명예 때문에 수치와 분노가 생기고, 재물 때문에 갈등과 반목이 생기고, 권력 때문에 원결이 생깁니다.

10. 유(有) : 존재

유는 결정된 업(業), 카르마를 말합니다. 수(受), 애(愛), 취(取)로 인하여 행한 업의 쌓임이 존재[有]인 무명(無明)입니다. 무명은 윤회의 근원이 됩니다.

11. 생(生) : 태어남

결정된 업인 유(有)는 무명입니다. 무명은 윤회의 근원이 되어 무명으로 인연하여 행(行)을, 행을 인연하여 식(識)을, 식을 인연하여 명색(名色)을, 명색을 인연하여 육입(六入)이 이루어집니다.

육입이 이루어져 열 달이 되면 모태에서 나와 이 세상에 태어나게 [生] 됩니다.

12. 노사(老死) : 늙음과 죽음

이 세상에 태어나면 늙고, 병들어 가면서 근심[憂], 탄식[悲], 육체적·정신적 고통[苦], 절망[惱]으로 이어지는 윤회의 고리가 끝나지 않고 반복되는 것이 12연기입니다.

부처님께서는 윤회의 고리를 끊는 방법으로 사성제(四聖諦)를 설하셨습니다. 사성제는 괴로움[苦], 괴로움의 일어남[集], 괴로움의 소멸[滅], 괴로움의 소멸로 인도하는 도 닦음[道]입니다.

첫 번째 : 고성제(苦聖諦)

고는 무명이 나온 결과물입니다. 고에 대하여 부처님께서는 『초전법륜경』에서 이렇게 설하셨습니다. "비구들이여, 이것이 괴로움의 성스러운 진리[苦聖諦]이다. 태어남도 괴로움이다. 늙음도 괴로움이다. 병듦도 괴로움이다. 죽음도 괴로움이다. 싫어하는 대상들과 만나는 것도 괴로움이다. 좋아하는 대상들과 헤어지는 것도 괴로움이다. 요컨대 취착의 대상이 되는 다섯 가지 무더기[五取蘊] 자체가 괴로움이다."(『초전법륜경』)

116

두 번째 : 집성제(集聖諦)

괴로움의 시작은 무명으로 인한 갈애에서 비롯됩니다. 부처님께서는 『초전법륜경』에서 이렇게 설하셨습니다. "비구들이여, 이것이 괴로움의 일어남의 성스러운 진리이다. 그것은 바로 갈애이니, 다시 태어남을 가져오고 즐김과 탐욕이 함께 하며, 여기저기서 즐기는 것이다. 즉 감각적 욕망에 대한 갈애, 존재에 대한 갈애, 존재하지 않음에 대한 갈애가 그것이다."(『초전법륜경』)

세 번째 : 멸성제(滅聖諦)

멸성제는 무명의 결과물인 괴로움을 소멸하는 성스러운 진리입니다. 괴로움을 일으키는 원인은 두 번째 진리인 갈애[集]이고, 괴로움의 원인인 갈애를 제거하면 괴로움은 소멸됩니다. 이렇게 해서 괴로움의 소멸은 세 번째 진리가 되는데, 이것은 모두 괴로움이 소멸된 열반의 경지를 말합니다. 초기 경전들과 주석서는 세 번째 멸성제를 이렇게 설하고 있습니다.

"비구들이여, 이것이 괴로움의 소멸이 성스러운 진리이다. 그것은 바로 그러한 갈애가 남김없이 빛바래어 소멸함, 버림, 놓아버림, 집착없음이다."(『초전법륜경』)

"여기서 '남김없이 빛바래어 소멸함'이라는 말 등은 모두 열반의 동의어들이다. 열반을 얻으면 갈애는 남김없이 빛바래고 소멸하기 때문이다."(『디가니까야 주석서』)

네 번째 : 도성제(道聖諦)

괴로움의 소멸의 성스러운 진리인 멸성제는 열반이며, 열반이야말로 궁극적인 행복이라고 부처님께서는 강조하셨습니다. 그러면 열반은 어떻게 해서 실현될까요? 열반은 팔정도를 실현해야만 실현됩니다. 그래서 부처님께서는 이렇게 설하셨습니다.

"비구들이여, 그러면 어떤 것이 여래가 완전하게 깨달았으며, 안목을 만들고, 지혜를 만들며, 고요함과 최상의 지혜와 바른 깨달음과 열반으로 인도하는 중도(中道)인가? 그것은 바로 여덟 가지 구성요소를 가진 성스러운 도[八支聖道]이니, 즉 바른 견해[正見], 바른 사유[正思惟], 바른 말[正言], 바른 행위[正業], 바른 생활[正命], 바른 정진[正精進], 바른 마음챙김[正念], 바른 집중[正定]이다."(『초전법륜경』)

계정혜(戒定慧) 삼학(三學) 중에 팔정도의 정견(正見), 정사유(正思惟)는 혜(慧)요, 정언(正言), 정업(正業), 정명(正命)은 계(戒)요, 정정진(正精進), 정념(正念), 정정(正定)은 정(定)에 해당합니다. 계(戒)의 수행과 정(定)의 삼매를 거쳐 얻은 혜(慧)는 깨달음에서 얻어진 혜이므로 출세간적 혜이며, 계의 수행과 정의 삼매를

118

거치지 않은 혜는 깨치지 못한 혜이므로 세간적 혜입니다. 계(戒)와 정(定)을 거치지 못한 정견(正見)과 정사유(正思惟)는 세간적인 혜(慧)이므로 닦아야만 할 대상이 됩니다.

1) 정견(正見): 바른 견해

세간적 혜(慧)인 정견(正見)은 수행의 목적을 바르게 세우는 것입니다. 목적이 바르지 못하면 아무리 노력해서 얻는다 해도 결과는 그릇된 것에 불과합니다. 부처님께서는 출가하여 고행을 하면서 수행한 목적이 분명했습니다. 오직 바른 깨달음으로 열반을 증득하여 생사윤회의 고리를 끊는 것이었습니다.

2) 정사유(正思惟) : 바른 사유

바른 사유는 수행의 목적을 성취하기 위해서는 올바른 방법을 생각해야 합니다. 목적을 성취하기 위하여 수단과 방법을 가리지 않고 남에게 피해를 주면서 행하는 수행은 잘못된 방법입니다.

3) 정언(正言) : 바른 말

수행자는 무엇보다도 진실된 말을 해야 합니다. 깨닫지 못하고서 깨달았다고 하여 남을 속이거나, 증득하지 못하고서 증득했다고 하여 남을 속여서는 안 됩니다.

4) 정업(正業) : 바른 행위

수행자는 계율을 잘 지켜야 합니다. 계율을 잘 지키면 수행하는 데 마장이 생기지 않습니다.

5) 정명(正命) : 바른 생활

수행자는 대중생활을 하면서 규칙을 잘 지키고 화합을 깨뜨리지 말 것이며, 정진 분위기를 흐려지게 해서는 안 됩니다. 규칙적인 생활을 해야 합니다.

6) 정정진(正精進) : 바른 정진

수행자는 수행에 있어서 너무 조급하거나 너무 늘어지면 안 됩니다. 비파 줄을 고르듯이 해야 합니다. 너무 조이면 줄이 터지거나 탱탱해져 좋은 소리가 나지 않고, 너무 느슨하면 늘어져 소리가 나지 않듯이, 한결같은 마음으로 쉼 없이 꾸준한 노력이 필요합니다. 바른 스승 밑에 바른 지도를 받으면서 정진을 해야 합니다.

7) 정념(正念) : 바른 마음챙김

마음챙김은 알아차림입니다. 알아차림은 깨어 있음이니, 바르게 마음을 챙김으로 바른 집중이 이루어집니다.

8) 정정(正定) : 바른 집중

알아차림으로 마음을 챙기면 집중이 이루어지고, 집중이 지속되면 삼매에 이릅니다. 삼매를 이루면 번뇌가 소멸하고, 번뇌가 소멸하면 제팔아뢰야식에 쌓인 업으로 가려져 어두운 무명이 깨뜨려져 맑고 밝은 자성이 드러나게 됩니다. 윤회의 근원인 무명이 타파되므로 생사윤회가 끝나게 됩니다. 이것이 궁극적 행복인 열반락이며, 부처님께서 출가하여 수행한 목적입니다. 부처님께서는 누구도 설한 바가 없는 생사윤회의 해탈법을 설하신 것입니다.

제6강

좌선

좌선은 몸이 움직이지 않는 상태에서 몸에서 나타나는 현상들을 알아차린다. 주로 들숨날숨에 의한 현상들을 알아차린다. 좌선은 여기저기로 방황하는 마음을, 몸이라는 기둥에 알아차림이라는 끈으로 묶어서 고정하는 것이다. 그러면 밖으로 향하던 마음이 들어와서 순화된다.

몸의 긴장을 풀고 편안하면서도 바른 자세로 앉는다. 턱을 약간만 아래로 당기고, 허리는 편안하게 편다. 손은 무릎 위에 편안하게 올려놓고, 발은 반가부좌를 하거나 두 발을 나란히 바닥에 놓는 평좌를 하고, 한 시간 동안 움직이지 않을 만큼 부담 없는 편안한 자세로 앉는다.

좌선은 선의 방편 중 하나이지, 그 목적이 아닙니다. 그렇지만 사람들은 선하면 가부좌를 하고 단정히 앉아 있는 모습을 떠올립니다. 그만큼 선하는 수행자들이 좌선을 많이 하고 있고, 그렇게 좌선이 보편화된 것은 좌선이야말로 마음집중의 가장 좋은 자세이기 때문입니다. 하지만 때로는 사람에 따라 좌복 위의 좌선이 불편하고 고통스런 사람도 있습니다. 불편과 고통으로 마음 집중이 되지 못하면 그 사람에게는 좌복 위의 좌선이 최선이 될 수 없습니다.

동양인에게는 좌복 위에 가부좌로 앉은 자세가 편안하지만, 의자생활에 익숙한 서양인에게 좌복 위의 가부좌는 아주 불편하고 고통스런 자세입니다. 동양인과 서양인의 신체적 조건이 다르고 조상 대대로 내려오면서 익힌 생활습관이 다르기 때문입니다.

인도인들은 다리가 가늘고 길며, 상체가 상대적으로 짧습니다. 그래서 앉아 있는 모습이 아주 자연스럽고 편안해 보입니다. 그들은 대부분 의자 없이 맨바닥에 앉아 생활해 왔습니다. 수행자들 역시 좌복 하나만 있으면 어디나 앉아서 수행할 수 있는 장소가 되었습니다. 하지만 서양 사람들은 대부분 다리가 굵고 상체가 길며 오랜 세월 동안 의자생활을 해왔기 때문에 좌복 위의 가부좌가 불편합니다. 그래서 나는 때로 의자 위의 좌선법을 권하기도 합니다. 좌복 위의 좌선을 익혀 온 사람들 중에는 편안한 모습으로 보이지 않는 경우가 너무 많기 때문입니다. 그렇게 편안한 상태가 되지 않고 무릎이 아프거나 허리가 아프게 되면 화두 집중이 잘 되지 않습니다.

요즈음엔 하루의 절반 정도는 의자 위에 앉아서 생활하는 분들이 많습니다. 맨바닥에 앉아 있는 시간은 거의 없습니다. 그렇게 생활을 해온 현대인들은 신체 구조가 의자 생활에 적합한 형태로 되어 버렸습니다. 의자 위의 좌선법을 익히면 의자에 앉아 있는 그대로가 선실(禪室)이 됩니다. 회사의 사무실, 승용차 안, 또는 식탁에 앉아 있을 때에도 좌선을 할 수 있습니다. 오직 알아차림을 놓치지 않고 마음을 챙기어 반조하면서, "이 뭣고?" 하고 화두를 들어야 합니다. 이때 특별한 의자가 필요하지 않지만, 그러나 푹신하고 안락한 의자는 너무 편안하여 졸음이 오기 쉽습니다. 회전의자나 바퀴가 달린 의자나 너무 높거나 낮은 의자도 좋지 않습니다.

수행을 목적으로 제작한다면, 나무로 만들되 앉은 바닥이 평평하며 딱딱하게 합니다. 의자 위에 좌복을 얹되 너무 두텁거나 큰 것은 피하십시오. 참선을 하기 위하여 의자 위에 앉을 때에는 허리를 똑바르게 펴고, 등은 의자의 등받이에 닿지 않게 하며, 다리는 90도가 되게 하되 꼬거나 너무 벌리지 마십시오. 이때 몸을 전후좌우로 흔들어 몸을 자연스럽게 하되 남자들은 중요한 부분이 꼭 끼거나 눌리지 않도록 하십시오.

앉은 자세가 앞으로 기울거나 좌우 한쪽으로 기울어지지 않도록 합니다. 두 귀는 어깨 위에 수직으로 놓이게 하고, 고개도 전후좌우로 기울어지지 않게 합니다. 턱은 앞으로 당기고 코끝은

배꼽과 일직선상에 놓습니다. 어금니를 지그시 물고 혀는 위로 꼬부려서 입천장에 붙여둡니다. 눈은 힘을 주지 말고 보통으로 뜹니다. 너무 힘주어 부릅뜨면 생각이 산만해지기 쉽고, 너무 가늘게 뜨거나 감으면 졸음에 빠지기 쉽습니다. 성성하면서 적적하고, 적적하면서 성성해야 하므로, 처음 시작할 때부터 눈을 평상으로 뜨고 알아차림으로 마음을 챙기어 화두를 참구합니다. 눈을 평상으로 뜨고 좌선을 하는 습관을 기르되 앉은 자리로부터 3~4미터 전방에다 시선을 떨굽니다. 시선을 떨군다는 것은 자연스럽게 거기가 보이도록 할 뿐, 어느 한 점을 의식적으로 응시하라는 것이 아닙니다.

다음은 오른손을 단전 부위에 놓고 왼손을 바른 손바닥 위에 겹치도록 하며, 양쪽 엄지손가락 끝을 가볍게 맞대어 계란형으로 둥글게 한 다음, 단전에 가볍게 붙입니다. 이때 양 엄지손가락을 너무 힘주어 맞대려고 하지 말고 또 떨어지지도 않도록 하되, 엄지손가락 모습이 아주 곱게 되어야 합니다. 손의 모습을 보면, 그 사람의 생각이 안정되어 있는지, 망상 속에서 곤두박질치고 있는지를 알 수가 있습니다.

한참 딴 생각에 골몰해 있을 때는 손에 힘이 들어가서 위로 올라가기도 하고, 두서없이 이 생각 저 생각을 하고 있을 때는 손장난을 하거나 손이 미끄러져 떨어지기도 합니다. 손 모양을 보면 그 사람이 옳게 공부를 하고 있는지의 여부를 알 수 있습니다. 그래서 이 손 모습을 잘 갖는 것이 중요합니다. 손의 결인(結印)은 수행 중에는 풀지 말아야 합니다.

우리가 참선 수행을 시작하기 전에 먼저 '지금 무슨 마음가짐인가?'하고 현재의 마음을 알아차립니다. 바라는 마음이나 근심 걱정이 있으면 마음이 미래에 가 있기 때문이며, 후회나 분노가 있으면 마음이 과거에 가 있는 것입니다. 불안, 초조, 분노 같은 온갖 번뇌는 마음이 현재 이 순간에 있지 않고 과거와 미래로 왔다갔다 하기 때문입니다.

좌선을 할 때, 들숨날숨을 알아차리는 것은, 과거와 미래로 또는 동서남북으로 여기저기로 방황하는 마음을 현재의 이 순간에 잡아두는 수행입니다. 의자 위에 앉아서 좌선을 할 때, 먼저 몸 전체의 앉아 있는 자세를 전체적으로 알아차리어 크게 느껴봅니다. 간단히 몸 전체의 느낌을 주시합니다. 몸의 어디선가 움직임이 있습니다. 그것은 호흡입니다. 호흡은 코, 가슴, 배, 몸의 일부에서 움직임으로 나타납니다. 그중 가장 잘 느껴지는 곳 하나를 선택해서 그곳에서 일어나는 호흡을 알아차립니다. 호흡은 자연스런 호흡을 해야 합니다. 복식호흡이나 단전호흡으로 일부러 하려고 하지 마십시오.

처음은 호흡의 움직임 중에서 '일어남' 하나만을 알아차리다가, 어느 정도 대상에 마음이 집중이 되면, 이제 일어남과 꺼짐을 알아차립니다. 좀 더 집중이 되면 일어남, 꺼짐, 쉼까지 알아차립니다. 숨을 들이마실 때 복부가 불러오고, 복부가 불러오면 그것은 '일어남'이라고 알아차리며, "이 뭣고?" 하고 화두를 듭니다. 숨을 내쉬어 복부가 꺼질 때 그것을 '꺼짐'이라고 알아차리며, "이 뭣고?" 하고 화두를 들어 들이쉬고 내쉬는 주인공을 찾는 방법이 위빠사나와 사마타의 극치인 간화선을 조화롭게 접목하여 수행하는 위빠간화선입니다.

초보자들이 자연스런 호흡을 하려고 해도 호흡에 마음을 두면 주작심으로 긴장되어 호흡이 자연스럽게 되지 않을 수도 있습니다. 이때는 호흡에 알아차림을 두지 말고, 편안한 자세로 눈을 감고 앉아 왼손을 무릎 위에 두고 펴서 천천히 손을 쥐면서 쥐는 손의 감각을 알아차립니다. 잠시 쥐고 있다가 천천히 손을 펴면서 펴는 손의 감각을 알아차리면서 "이 뭣고?" 하고 화두를 챙깁니다. 이렇게 반복하여 마음집중을 손에다 둡니다.

또 수행 중에 망상이 떠오르면 망상을 억지로 물리치려고 하지 말고 "망상, 망상, 망상…" 하면서 망상을 알아차리며 "망상을 피우는 이놈이 이 뭣고?" 하고 화두를 들면, 망상은 자연히 물러납니다. 통증이 일어나면 "통증, 통증, 통증…" 하면서 통증을 알아차리며, "통증을 느끼는 이놈이 이 뭣고?" 하고 화두를 듭니다.

가끔 좌선 중에 "지금 몸의 자세는 바른가?" 하고 몸의 자세를 알아차립니다. 만일 몸에 힘이 들어가 있거나 반듯하지 않으면 그것을 알아차려서 힘을 빼며 자세를 바로잡으면서 "이 뭣고?" 하고 화두를 점검합니다. 또 이따금씩 "지금 내 마음이 무엇을 하고 있는가?" 현재를 알아차려 봅니다. 만일 알아차림을 놓치고 망상에 빠져 있으면 "망상에 빠졌네!" 하고 알아차리며, "이 뭣고?" 하고 화두를 듭니다. 이때 알아차림을 놓치고 망상에 빠졌다고 후회하면 다시 알아차림도 놓치고 화두도 놓치게 됩니다. 좌선 중에 일어나는 대상은 무엇이든지 다 법입니다. 그러므로 수행이 잘 되기를 바라거나 장애를 없애려고 하지 말고 무엇이든지 나타나는 대로 모두 법으로 받아들여 알아차리며, "이 뭣고?" 하고 화두를 챙깁니다. 이때 "이 뭣고?" 아닌 무(無) 자나, 마삼근, 간시궐, 부모미생전 본래면목 등 다른 화두를 들어도 됩니다.

좌선을 하고 방선을 하면 곧바로 일어나지 말고, 일어나려고 하는 나의 몸과 마음의 의도를 알아차리며, 간단한 요가나 스트레칭을 하고 나서 일상생활로 돌아갑니다. 의자 위의 좌선을 한 사람은 장시간 비행기 여행을 할 때, 비행기가 목적지에 가까워지면 스튜어디스가 일러주는 방식의 스트레칭을 하면 됩니다.

20년 전 20세기가 끝나던 해 마지막 달, 불교 성지순례를 위하여 인도에 간 적이 있습니다. 나는 인도 여행을 하기 전, 인도에 대하여 역사와 문화, 그리고 여행지에 대한 정보를 꼼꼼히 공부했습니다.

인도는 기원전 15세기경에 인도의 북서쪽에서 백인 유목민들인 아리안족의 침략을 받았습니다. 인도는 농업국으로 검은 피부의 드라비다족들이 살고 있었습니다. 농사를 주업으로 사는 원주민들은 성품이 온순하고 신에 대해 맹종적이며 살생을 좋아하지 않는 민족이었습니다.

살생을 좋아하고 포악한 아리안족들은 원주민들을 무력으로 지배하게 되었습니다. 그러면서도 한편으로 종교의 힘을 빌려 원주민들을 달래기 위해 자기들의 종교에 원주민들의 힌두사상을 흡수하여 브라만교를 창설하였습니다. 그리고 베다(veda)라는 성전(聖典)을 만들었습니다. 베다는 종교의식과 철학적 사고인 우주적 영원성과 인과응보, 윤회사상 등으로 집대성되어 있습니다.

힌두(Hindu)는 산스크리트어 사전에 '악인을 없애는 자', '바른 업을 지키는 자', '지식 있는 자'로 풀이되어 있습니다. 불교가 융성한 아소카 왕 때는 브라만교가 크게 쇠퇴하게 되었으나, 아소카 왕 이후 브라만교가 다시 강성해지면서 불교가 브라만교에 흡수되어 힌두교가 되었습니다.

힌두교에는 삼신이 있습니다. 브라만 신은 대우주를 창조하고, 비슈누 신은 이 우주를 유지시키며, 시바 신은 파괴시킵니다. 창조와 유지와 파괴는 대우주의 최고 원리입니다. 브라만 신은 네 개의 머리와 네 개의 손을 가졌으며, 손에는 물병, 활, 작은 막대기, 베다 성전을 들고 백조를 타고 우주를 날아다닙니다.

비슈누 신은 아내 락슈미와 함께 살고, 우주 만유의 근원이라 믿으며, 지상에 정의가 무너졌을 때, 정의를 다시 세우기 위해 출현한다고 합니다. 비슈누 신은 열 가지 화신으로 몸을 나투기도 합니다. 이중에서 음악의 신이며 서민들이 많이 믿는 크리슈나는 여덟 번째 화신이며, 석가모니 부처님은 아홉 번째 화신이라고 합니다. 그리고 열 번째 화신은 불교의 미륵불이며 미래의 신이라고 합니다. 이 세상의 종말이 오면 칼을 차고 백마를 타고 나타나서 사악한 무리들을 물리친다고 합니다. 비슈누 신은 신조(神鳥) 가루다[金翅鳥]를 타고 다니며 노란 옷을 입고 네 개의 손에는 운반, 나팔의 대용품인 법나패, 곤봉을 들고 다닙니다.

시바 신은 파괴의 신이기 때문에 사람들이 두려워하고, 바로 그런 이유로 제일 많이 믿고 있는지도 모릅니다. 시바 신이야말로 '마'를 물리쳐 주기도 하고, 또 '마'를 불러들이기도 하는 공포의 신으로 생각하고 두려워합니다. 시바 신은 성우(聖牛) 난디의 등에 타고 다니며, 몸매나 표정이 여자처럼 아름답습니다. 시바 신의 상징은 남근인 링가입니다. 시바 신은 파괴와 죽음을 주는 신이기에 우람한 체구와 무서운 표정을 지니고 있을 것이라고 생각하지만, 그와 반대입니다. 왜 그럴까요? 파괴는 곧 창조를, 죽음은 곧 새로운 생명의 탄생을 의미하기 때문입니다. 시바의 상징인 남근 역시 창조와 새 생명의 탄생을 의미합니다.

인도 전역에서 힌두 사원뿐만 아니라 곳곳에 시바 신의 상징인 링가가 있는 것을 볼 수 있습니다. 인도 사람들은 무척이나 소를 숭배합니다. 소를 학대하면 시바 신이 노여워하여 재앙을 가져다준다고 믿습니다. 마당에 곡식을 널어놓았는데, 소가 와서 곡식을 먹으면 쫓지 않고 오른쪽 무릎을 땅에 대고 왼쪽 무릎은 세운 자세로 합장하고, 소가 곡식을 먹고 떠날 때까지 주문을 외우며 기도를 합니다.

사람이 많이 다니는 큰길가에 희고 잘 생긴 소가 매여 있고, 그 옆에는 사두(수행자)가 부드러운 풀을 다발다발 묶어두고 앉아 명상에 잠겨 있는 광경을 볼 수 있습니다. 그것은 누구든지 시바 신에게 기도하여 소원성취하려면, 돈을 놓고 풀을 사서 소에게 공양을 올리면서 기도하라는 것입니다. 소가 차가 다니는 도로 가운데에 누워 있으면, 소가 스스로 일어나 비켜줄 때까지 경적을 누르지 않고 기다립니다. 소도시에 가보니 시내에 소, 양, 돼지, 개가 사람을 두려워하지 않고 자유로이 돌아다녔습니다. 그래도 애들은 짐승들을 괴롭히지 않았습니다. 그 이유는 만약 짐승들을 괴롭히거나 죽이면, 다음 생에 짐승으로 태어나게 되어 사람으로부터 괴로움을 당하게 된다고, 윤회사상을 굳게 믿고 있기 때문이라고 합니다.

거지는 부자를 부러워하지 않고, 부자는 거지를 멸시하지 않는다고 합니다. 거지는 자기가 전생에 부자였는데, 거지들을 멸시하고 보시하지 않았기 때문에 금생에 거지보를 받고 있고, 부자는 거지를 멸시하거나 너무 인색하면 다음 생에 거지로 태어나게 된다고 인과응보를 믿고 있었습니다. 그래서 전인구의 40퍼센트가 생계에 어려움이 있지만, 굶어죽은 자가 없답니다.

인도 사람들은 구걸을 부끄러워하지 않고, 그렇다고 배부르게 먹기 위해 비굴하지도 않습니다. 그들은 굶어죽으면 큰 부자로 다시 태어난다고 믿기 때문에, 갠지스 강가에는 굶어서 죽기 위해 앉아서 명상에 잠겨 있거나, 주문을 외우며 생을 마감하고자 하는 사람들을 볼 수 있습니다. 이들에게 음식을 주는 것은 큰 죄악입니다. 힌두교 성지나 불교 성지에는 성자와 같은 거지들이 명상에 잠겨 있는 것을 많이 볼 수 있습니다. 그들은 가끔 지나가는 사람들에게 손을 벌리며 "바시시, 바시시…"라고 말합니다. '바시시'라는 말은 '적선하십시오'라는 뜻입니다. 그들에게 아무리 큰돈을 주어도 그들은 "감사합니다."라는 말을 하지 않습니다. 그들은 당신에게 내가 복을 짓게 해주었다고 말하고, 내게 보시한 공덕으로 다음 생에는 당신이 신의 축복을 받은 땅, 인도에 태어나도록 기도하겠다고 하면서, 합장하고 주문을 외웁니다.

인도인들은 만날 때나 헤어질 때나 아침이나 저녁이나 항상 '나마스떼'라는 인사말을 하는데, '신의 은총이 있기를 바란다'라는 뜻입니다. 그들은 신에 대해 절대 복종, 순종하며 인과와 윤회를 믿습니다. 잘한 일이든 잘못한 일이든 모두 남의 탓이 아닌 내 탓으로 생각합니다. 금생에 친구에게 사기를 당하여 많은 돈을 잃었다면, 그것은 전생에 내가 그 친구의 돈을 떼어먹었기 때문에 전생에 진 빚을 갚은 것이라고 생각합니다. 금생에 낮은 신분으로 태어나 천대와 멸시를 당해도, 전생에 내가 높은 지위에 있을 때 남을 멸시하고 천대했기 때문에 금생에 이런 과보를 받는 거라고 생각합니다. 그리하여 지금 자신의 계급적 신분에 불만이 없으며, 오직 양심을 속이지 않고, 선한 일을 하면서 살아가고자 합니다. 정부나 가진 자에게 반항하지 말고 죽으라고 하면 죽고, 없으면 굶고, 남의 것 탐내지 않고, 남을 부러워하지 않고, 그렇게 살아가면 카르마와 윤회라는 인과응보라는 우주 원리에 의하여, 내세에는 높은 계급으로 돈 많은 장자의 신분으로 태어난다고 굳게 믿습니다.

인도에는 카스트라는 신분제도가 있습니다. 카스트는 '혈족, 종족'이라는 뜻입니다. 아리안족들이 검은 피부의 원주민과 혼혈을 막고 지배의 수단으로 이 신분계급을 만들어, 같은 신분이 아니면 결혼을 하지 못하도록 하였습니다. 가장 상류층은 브라민이라고 하는데, 브라민은 종교의식을 집행하고, 몸에는 도띠라는 띠를 두르고 있습니다.

두 번째는 크샤트리아라고 하는데, 왕족이나 군 지도자, 장수들입니다. 세 번째는 바이샤라고 하는데, 농사나 상업, 공업을 하는 평민들입니다. 네 번째는 수드라라고 하는데, 노예계급입니다. 브라민이나 왕족, 군 장수의 집에서 종노릇하는 하는 계급입니다. 브라민과 크샤트리아 계급은 아리안족들이고, 바이샤와 수드라 계급은 원주민 드라비다족입니다. 그중 노예계급인 수드라는 아리안족들이 침략하기 전에 인도를 다스리던 왕족이나 군 장수들입니다.

현재 인도 인구 20퍼센트의 아리안족들이 전 인도를 다스리고 있습니다. 노예계급인 수드라를 제하고는 대부분의 인도인 남자들은 인생의 네 단계 생활을 합니다.

첫 단계 : 학습기(學習期). 20세까지는 학문을 익히고 성전을 배우며 사회생활의 예절을 익힙니다.

둘째 단계 : 가장기(家長期). 40세까지는 결혼을 하여 자녀를 낳아 기르며 애정생활을 즐기고, 재산을 늘리며, 사회에 봉사하는 시기입니다.

셋째 단계 : 임주기(林住期). 60세까지로, 이 시기에는 가장기(家長期)인 젊었을 때 남녀 간의 성적 즐거움과 재산을 모으는 살림살이의 재미 등을 경험했지만 그것이 삶의 전부가 아님을 깨닫고 집에서 가까운 산속이나 숲을 찾아가 여러 신들에게 경건한 기도를 드리며 종교생활을 합니다. 부부가 함께 가야

하지만 그렇지 못하면 혼자서라도 실천에 옮깁니다.

넷째 단계: 유행기(遊行期). 60세가 넘으면 모든 재산을 정리하여 장성한 자녀나 아내에게 물려주고, 현세에 대한 집착을 버리고 오로지 수행의 긴 여행에 들어갑니다. 동냥그릇인 바릿대와 지팡이와 물 항아리와 담요 하나가 전 재산일 뿐, 소유한 것이 전혀 없는 생활을 시작합니다. 이렇게 걸식을 하면서 수행을 하는 사두들이 현재도 천만 명이 넘는다고 합니다. 그러하니 거지의 나라, 성자의 나라라고 하지 않을 수 없습니다.

인도는 오랫동안 영국의 지배를 받았는데, 그때 국토를 효율적으로 개발하기 위하여 철도를 많이 건설하여 전국에 철도가 놓여 있습니다. 하지만 지금 인도 정부의 운영은 엉망이어서 열차가 한두 시간 연착하는 것은 보통입니다. 그래도 대합실에서 기다리는 승객들은 아무도 불평불만을 표출하는 사람이 없습니다. 한없이 기다리고, 한없이 굶고, 한없는 고통을 참을 줄 아는, 그들만이 가지고 있는 성자다움에 놀라지 않을 수 없습니다. 이런 그들의 인품에 자연히 존경심이 갑니다. 간디의 비폭력 운동이 성공한 것도 이 세 가지 힘 때문이요, 영국이 손을 든 것도 이 세 가지 힘 때문입니다.

이 세 가지 힘은 어디에서 나왔을까요? 이것은 힌두의 인과응보와 윤회사상, 그리고 명상의 힘입니다. 버스를 타고 한참을 달리다 보면 어떤 곳에서는 차가 가지 못하고 많은 차들이 늘어서

서 정체현상을 일으키곤 합니다. 나도 그런 일을 당하여 가이드에게 혹시 사고가 나서 처리하느라고 이렇게 정체가 되는 것이냐고 물었더니, 기찻길 건널목에서 건널목지기가 열차 통과 시각이 되면 차단기를 내리게 되는데, 열차가 연착되어 언제 지나갈지 모르기 때문에 기다리는 중이라는 것이었습니다. 많은 차들이 늘어서서 30분이 지나도 차들이 움직이지 못하는데, 누구 하나 불평 없이 마냥 기다리고 있었습니다. 기사들은 오히려 잘 되었다는 듯이, 나무 그늘 밑에 앉아서 휴식을 취하고 있었습니다.

인도에는 외국인들이 머무는 호텔이나 게스트하우스를 제외하면 일반인들의 가정에는 대개 화장실이 없습니다. 그러다보니 그들은 큰일을 보려면 물병을 들고 한갓진 곳을 찾아 일을 보고, 왼손으로 그 물을 이용하여 항문을 씻습니다. 인도에는 곳곳에 똥 폭탄 지뢰가 설치되어 있어 자칫 했다가는 밟아버려서 곤욕을 치르게 됩니다. 그들은 왼손은 궂은일에 쓰고, 밥을 먹거나 신전에 공양물을 올릴 때는 오른손을 씁니다.

인도인에게 악수를 할 때, 왼손을 내밀면 큰 실례입니다. 인도인들은 누구하고나 말하기를 좋아합니다. 오지에 있는 불교 성지를 찾아가다가, 시골길의 나무 그늘 밑에 쉬고 있는 노인에게 길을 물으면, 가는 길을 안다고 하면서도 길은 가르쳐 주지 않고, 질문 공세를 하기 시작합니다. 어디서 왔느냐, 무엇하러 가느냐, 어떻게 왔느냐, 직업이 무엇이냐, 나이가 몇 살이냐

136

등, 끝도 없이 질문을 하며 말꼬리를 이어갑니다.

그들의 말에 대꾸를 하다보면 삼사십 분은 훌쩍 지나갑니다. 갈 길이 바쁘니 빨리 가르쳐 달라고 하면, 뭐가 그리 바쁘냐고 합니다. 오늘 못 가면 내일도 있고, 모레도 있지 않느냐고 합니다. 이 노인네가 길을 모르면서 그러는 것 같아 짜증을 내며 무작정 길을 나서면, 그제야 자세히 길을 가르쳐 줍니다.

이렇게 시골 노인네가 낯선 이방인에게 무언가를 알아내려고 질문 공세를 펴 대화를 끊이지 않고 이어가고자 하는 마음의 작용은 도대체 어디에서 비롯된 것일까요? 먼 조상들로부터 내려오는 DNA가 그들의 골수에 잠재되어 있기 때문일 것입니다.

인도는 사계절이 더운 지방입니다. 그래서 더운 낮에는 나무 그늘 밑에 마을 사람들이 옹기종기 모여서 논쟁하기를 좋아합니다. 인도에는 용화수(龍華樹)라는 나무가 있습니다. 이 나무는 그루터기에서 가지가 옆으로 뻗어나가다가 무게가 무거워져 아래로 처지게 되면, 스스로 나뭇가지에서 뿌리가 나와 땅에다 뿌리를 박습니다. 스스로 버팀목을 세우는 것입니다. 그리하여 한 그루의 나무가 무성해져서 웬만한 운동장을 덮을 정도입니다. 이 용화수 아래에서 석가모니 부처님이 열반에 드신 뒤 6억 7천만 년 뒤에 미륵보살이 수행 정진하여 성불하시고, 이 나무 아래에서 설법하시어 일체 중생을 제도할 것이라고 부처님께서

예언하셨습니다.

인도인들은 더운 날씨 관계로 육체가 움직이는 스포츠보다는 지혜와 언변으로 상대방을 이기는 대회를 갖기를 좋아했습니다. 그래서 용화수 같은 큰 나무 그늘에 많은 사람들이 모인 가운데 여러 논사들이 나와 논쟁을 벌이고, 여기서 많은 사람들의 공감을 얻어 승리한 논사는 모든 사람들의 존경을 받았습니다. 부처님이야말로 가장 훌륭한 논사 중의 논사였습니다. 부처님께서는 누가 어떤 질문을 하든 막힘없이 답하시어 상대방을 굴복시켰습니다. 이러한 논사들의 논쟁이 인도의 높은 철학과 문학, 그리고 종교가 탄생할 수 있었던 계기가 되었습니다. 거기다가 일찍이 산스크리트라는 문자가 있어서 문화와 사상과 철학과 종교가 끊이지 않고 내려오게 되었습니다.

20세기가 마무리되는 마지막 날 저녁, 해가 서산으로 붉은 저녁노을을 토하며 지는 광경을, 부처님께서 열반하신 구시나가라 다비장에서 보았습니다. 감개무량했습니다. 그 다음날 우리 일행은 새벽 미명에 부처님의 열반지를 도망치듯 떠나야 했습니다. 가이드에 의하면, 인도인들은 새해의 첫날인 1월 1일이면 부처님의 열반지를 찾아와 일년의 소원을 빈다고 합니다. 더구나 21세기가 시작되는 첫날이므로 아주 많은 사람들이 모여들 것이라고 했습니다. 늑장을 부리다가는 길이 막혀서 빠져나가지 못하게 될 것이 뻔하여 아침 일찍 서두르지 않으면 안 되었습니다.

불자가 아닌 인도인들까지도 새해 첫날에 부처님의 열반지를 찾는 것은, 죽음이 새로운 삶의 시작이라고 생각하기 때문이라고 합니다. 그런 생각 때문에 인도인들은 부모나 가까운 친인척이 돌아가셔도 소리 내어 울지 않습니다. 그들에게 죽음은 이 세계의 모든 고통에서 벗어나 더 좋은 세상에서 태어나는 새 삶을 뜻합니다. 반면, 이 세상에 태어남은 고통의 시작이라고 생각합니다. 그래서 어린애가 태어나면 기뻐하여 축하하기보다는 "너도 고생문이 활짝 열렸구나!" 하고 안쓰러워합니다. 그런 생사관 때문에 그들은 동쪽에 뜨는 태양을 좋아하지 않고, 서쪽으로 지는 태양을 좋아하면서, 저 서쪽에는 극락세계가 있다고 믿습니다.

인도의 성지마다에는 부처님 상이 모셔져 있는데, 오직 석가모니 부처님 한 분뿐이었습니다. 결가부좌를 하고 두 손을 단전에 모은 법계정인 또는 삼매인이라고 하는 결인과, 오른쪽 손을 오른쪽 무릎 위에서 손가락으로 땅을 가리키는 항마촉지인, 두 손으로 법륜을 굴리는 전법륜인의 모습뿐이었습니다.

인도에는 사실 불교 신자들이 거의 없었습니다. 통계에 의하면 불교신도는 1퍼센트도 안 된다고 합니다. 부처님께서 출현하시어 45년 간 갖은 고생을 하시며 중생들에게 들려주신 가르침이 사라지고 있다는 것이 마음이 아팠습니다.

서울대 총장을 지낸 고병익(高柄翊) 박사가 델리대학 핀덴이아

박사에게 물었습니다.

"불교와 힌두교의 차이에 대해서 말씀해 주십시오."

"불교는 태동할 때부터 사회조직 속에 있었습니다. 왕권과 부호 등 영향력 있는 사람들의 힘에 의해서 불교가 크게 번성했던 것도 그 조직 때문이었습니다. 그러나 힌두는 개인 속에 있었습니다. 이슬람이 인도를 침입했을 때 불교의 유적들을 많이 파괴한 것은, 불교가 그 만큼 사회 속에 큰 조직을 갖고 있었기 때문입니다. 불교의 사원들은 거대했습니다. 그러나 힌두는 그렇지 않았습니다. 조직은 한번 무너지면 걷잡을 수 없이 무너지게 됩니다. 그래서 불교가 쉽게 이 땅에서 쇠약해진 것입니다. 그러나 힌두는 거대한 사원 속에 있는 것이 아니기 때문에 쉽게 무너지지 않았습니다. 개인의 마음속에 뿌리박은 것을 누가 어떻게 일일이 뽑아낼 수가 있겠습니까?"

"불교가 쇠퇴한 원인을 반드시 어떤 조직력의 무너짐이라고만 할 수 있겠습니까? 불교가 태어난 이 땅에 지금 와서 뿌리가 뽑혀지고 있음을 보고 실망이 컸습니다."

"불교는 이 땅에서 없어진 것이 아닙니다. 힌두 속에서 나왔다가 다시 힌두 속으로 되돌아갔을 뿐입니다. 불교의 윤회나 해탈 등의 중요한 요소들은 모두 힌두 안에 있습니다. 불교는 힌두에서 그 씨앗이 떨어져 나갔기 때문에 그 생명이 다한 것뿐입니다. 힌두는 영원성이 그 생명입니다. 영원히 그 본질이 변하지 않습니다. 3천 년 전이나 지금이나 또 앞으로 몇천 년 후에라도 조금도 변하지 않을 것입니다. 그러나 불교는 영원성이 결여되어 있습니다. 열반이면 모든 것이 끝입니다. 열반 이후가 없기 때문에 영원하지 않습니다. 그러나 힌두에는 열반이 없습니다. 수없이 창조와 파괴의 수레바퀴가 돌아가는 것입니다.”

2주 동안 인도의 불교성지를 순례하면서 깊은 감명을 받았습니다. 부처님께서 태어나신 룸비니, 성도하신 부다가야의 보리수와 대탑, 초전법륜을 굴리시던 사슴 동산, 법화경을 설하셨던 영취산, 최초의 승원 왕사성 죽림정사, 수달장자가 지어 바친 금강경을 설하셨던 기원정사, 유마거사의 고향 웨살리, 암바바리가 지어 바친 최초의 비구니 승원인 대림정사 터 위에 세워진 아소카 왕의 석주, 그 위의 사자상, 불교 석조미술의 정수인 산치대탑, 불가사의한 아잔타 석굴사원, 열반지 구시나가라를 참배하면서 경전에서 읽고 들었던 곳을 직접 눈으로 보고 확인할 수 있었습니다.

기원정사에서는 부처님께서 거처하시던 방, 아난의 방, 그리고 부처님과 그 제자들이 마시던 우물을 보는 순간, 느껴지는 체취와 전율이 온몸을 감쌌습니다. 그리고 열반지 구시나가라 다비장에서 보았던, 20세기의 마지막 지는 해의 노을을 잊을 수가 없습니다.

제7강

행선과 와선

1. 행선(行禪)

우리는 하루에 많은 시간을 움직이는데, 경행은 몸의 움직임을 알아차리는 수행 방법이다. 경행의 알아차림은 일상생활에서 가고, 서고, 눕고, 구부리고, 돌고, 허리를 펴고 등의 움직임을 알아차리며, "이 뭣고?" 하고 화두를 챙기는 것이다. 일상에서 어디를 갈 때에도 우리의 마음은 몸의 움직임에 있지 않고 대부분 목적지에 가 있다. 그리고 앞으로의 일을 계획하거나, 일어날 일을 상상하고 흥분하거나, 근심 걱정을 한다. 이것은 알아차림이 없는 것으로, 번뇌가 일어난 상태이다.

불안과 초조, 두려움, 걱정, 기대감 등 우리의 마음속에서 일어나는 망상들은 마음이 현재의 이 순간에 머물러 있지 않고 과거나 미래에 있기 때문입니다. 과거에 가 있거나 미래에 가 있는 마음을 알아차림이라는 힘으로, 현재의 이 순간에 머물게 하는 것이 위빠사나입니다.

일상생활에서 가고, 서고, 눕고, 구부리고, 돌고, 허리를 펴는 등의 움직임을 알아차리며 "이 뭣고?" 하고 화두를 챙기는 것이 숙달되면, 생활 속에서도 항상 몸의 움직임을 알아차리며 "이 뭣고?" 하고 화두를 들 수가 있기 때문에 번뇌가 없는 깨어 있는 상태가 됩니다.

수행자는 좌선과 경행을 같은 비율로 해야 합니다. 좌선과 경행을 교대로 하면서, 움직일 때나 움직이지 않을 때나 모두 알아차리며 "이 뭣고?" 하고 화두를 챙겨야 합니다. 경행을 할 때는 움직임의 순간순간을 알아차리며 "이 뭣고?" 하고 화두를 챙겨야 합니다. 초보자들은 보통 30분 좌선을 하고 30분 경행을 합니다. 대중방에서 여러 명이 좌선 수행을 할 때, 입승이 죽비를 한 번 탁 치면, 이제부터 경행으로 들어가니 준비하라는 신호입니다. 그러면 경행을 할 마음의 준비를 하면서 고개를 좌우로 몇 번 돌리고, 몸도 가볍게 좌우로 돌리어 굳어진 몸의 긴장을 풀어야 합니다. 다시 죽비를 탁 한 번 치면, 천천히 알아차림을 하면서 화두를 놓치지 말고 일어나, 오른쪽 시계바늘이 돌아가는 방향으로 방을 돕니다. 탑이나 불상을 돌 때, 오른쪽으로 도는 것은 존경의 뜻이 되고, 왼쪽으로 도는 것은 무시하거나 경멸하는 것이 됩니다.

몸의 긴장을 풀고 두 손을 모아서 앞으로 잡습니다. 앞 사람과의 거리는 두 발자국 정도 떨어져 천천히 걸어갑니다. 그리고 경행하는 현재의 마음을 알아차려야 합니다. 바라는 마음, 하기 싫은 마음, 들뜬 마음, 아무것도 없는 마음 등, 있는 그대로 알아차리면서 "이 뭣고?" 하고 화두를 챙깁니다.

호흡은 좌선을 할 때와 같이 심호흡을 하면서 걸어야 합니다. 한 발 한 발 걸으면서 발바닥에 닿는 것을 알아차리면서 "이 뭣고?" 하고 화두를 챙깁니다. 걸음은 빠르지도 느리지도 않게 자연스럽게 하고, 몸의 느낌을 알아차리며 "이 뭣고?" 하고 화두를 챙깁니다. 경행을 하다가 화장실에 가고자 할 때는 입구에서 출구 쪽에 이르렀을 때, 살짝 밖으로 나가 볼일을 보고, 들어올 때는 입구에 서 있다가 내 자리의 순번이 오면 합장을 하고 살짝 들어가 경행을 따라 합니다. 경행이 끝나려고 할 때는 앉을 좌석에 가까워졌을 때, 입승이 죽비를 한 번 쳐주면 대중은 각자 자기의 좌석에 앉아 좌선을 이어갑니다.

만일 혼자서 행선을 하고자 할 때는 먼저 왕복할 수 있는 일정한 거리를 확보해서 몸의 자세를 반듯하게 하고 정면을 향하여 섭니다. 몸의 긴장을 풀고 두 손을 모아서 앞으로 잡습니다. 행선을 하려는 현재의 마음을 알아차려서 망상에 휩쓸리지 말고 "이 뭣고?" 하고 화두를 챙기면서 경행을 시작합니다. 이제 한 발 한 발 걸으면서 발바닥이 닿는 것을 알아차리면서 "이 뭣고?" 하고 화두를 챙깁니다. 걸음은 빠르지도 느리지도 않게 자연스럽게 하고, 앞으로 갈 때는 반듯하게 일직선으로 걷습니다. 끝에 가면 반드시 서서, 서 있는 몸의 느낌을 알아차리면서 "이 뭣고?" 하고 화두를 챙깁니다.

정면을 향해 돌면서 몸의 돌아가는 것을 알아차리면서 "이 뭣고?" 하고 화두를 챙깁니다. 돌 때는 천천히 돌면서 발의 움직임을 알아차리거나, 혹은 어깨에 마음을 두고 어깨가 크게 원을 그리며 도는 것을 알아차리면서 "이 뭣고?" 하고 화두를 챙깁니다. 그리고 나서 다시 서 있는 것을 알아차리고 "이 뭣고?" 하고 화두를 챙깁니다.

행선 중에 망상이 일어나면 그것을 망상이라고 가볍게 알아차리면서, "이 뭣고?" 하고 화두를 챙깁니다. 눈은 좌우로 두리번거리지 말고, 서너 걸음 앞의 바닥을 봅니다. 처음에는 약간 빨리 걷다가 차츰 적당한 속도를 유지합니다. 행선을 할 때 지나치게 천천히 걸으면 몸이 긴장되어 알아차림이 잘 되지 않아 "이 뭣고?" 하고 화두를 챙기기가 어렵습니다. 길이나 운동장에서 빠르게 걸을 때에는 내 몸의 전체를 알아차리면서 "이 뭣고?" 하고 화두를 놓치지 말아야 합니다.

"이 뭣고?" 화두 말고 다른 화두를 참구하는 사람은 그 화두를 챙기면 됩니다. 예를 들어 본인이 신뢰하는 선지식으로부터 받은 화두인 마삼근, 간시궐, 부모미생전 본래면목, 구자 무불성(狗子無佛性) 등을 참구하면 됩니다.

2. 와선(臥禪)

와선은 누운 자세로 알아차리면서, "이 뭣고?" 하고 화두를 챙기는 것인데, 주로 아침에 잠에서 깨었을 때, 또는 저녁에 잠을 자려고 할 때 누운 채로 자신의 몸과 마음을 알아차리면서 "이 뭣고?" 하고 화두를 챙긴다. 이것은 하루의 시작과 끝을 알아차리는 것이다. 잠들기 전에 알아차리는 것은 그 날 하루를 정리하는 것이며, 이런 알아차림을 하면서 "이 뭣고?" 하고 화두를 챙기면서 잠이 들면 숙면을 취할 수 있다. 그리고 누운 몸이 최대로 이완되기 때문에 호흡이 고르고, "이 뭣고?" 화두가 잘 들린다.

아침에 일어날 때, 누운 자리에서 잠을 깬 현재의 마음을 알아차리면서 "이 뭣고?" 하고 화두를 챙깁니다. 누운 상태에서 일어남, 꺼짐의 호흡을 얼마간 알아차리다가 천천히 움직입니다. 일어나기 전에 배를 가볍게 시계바늘 도는 방향으로 천천히 몇 번 돌리면서 문지릅니다. 그러고 나서 일어나 앉아 얼굴, 목, 허리를 문지릅니다. 그런 다음 잠깐 고요히 좌선을 하고 합장하여 기도발원을 합니다.

"거룩하신 부처님! 오늘 하루가 시작되었습니다. 오늘도 제가 알아차림을 놓치지 않게 하여 주십시오. 항상 내 마음을 알아차림 으로 돌이켜 반조하게 하여 어떤 유혹에도 떨어지지 않게 하여

주옵소서! 수행자의 처음 뜻을 망각하여 게으름에 빠지지 않게 하여주옵소서! 그리고 저를 알고 있는 모든 분들이 다 건강하고 그 가정에는 평안함이 있게 하소서! 나무석가모니불, 나무석가모니불, 나무시아본사석가모니불."

기도를 마치고 오늘 내가 할 일을 잠깐 생각합니다. 하루의 시작은 잠자리에서 일어나는 것부터 시작입니다. 잠자리에서 일어나 처음 어떤 마음을 갖느냐, 어떤 행동부터 할 것인가에 따라 하루의 일과를 잘 성취할 수도 있고, 그렇지 않을 수도 있습니다.

신앙생활은 평상시 생활 속에서 이루어져야 합니다. 매일 아침 잠자리에서 일어나 잠깐 동안 하는 기도가 하루를 활기차게 만듭니다. 하루의 시작을 알아차리며 "이 뭣고?" 하고 화두를 들면서 출발하면, 그 좋은 파장으로 하루를 기분 좋게 이끌어가게 됩니다.

하루의 일과를 끝마치고 잠자리에 눕기 전에 잠자려는 현재의 마음을 알아차리며, 잠시 좌선을 하고 좌선한 자세로 합장하고 하루를 정리하는 간단한 기도를 합니다.

"거룩하신 부처님! 오늘은 보람된 하루였습니다. 순간순간의 알아차림은 순간순간 삶의 선물이었습니다. 알아차림의 지혜로 유혹의 손길을 벗어날 수 있었습니다. 하지만 좀 더 신중해야 했었는데, 아쉬움은 있습니다. 오늘 이루지 못한 몇 가지 일들은 다음 날 이루겠습니다. 그리고 혹시나 OOO님께 제 말에 오해가 있었다면 전적으로 저의 잘못입니다. 나무석가모니불, 나무석가모니불, 나무시아본사석가모니불."

하루를 정리한 기도를 하고 나서 잠자리에 누운 자세로, 잠을 청하는 현재의 마음을 알아차리며 "이 뭣고?" 하고 화두를 챙깁니다. 그 다음 얼굴, 목, 가슴, 배를 알아차리다가 아랫배에서 호흡이 잡히면 배의 일어남, 꺼짐을 알아차리며, "이 뭣고?" 하고 화두를 들면 자연스럽게 잠이 듭니다. 와선을 하면 금방 잠이 드는데, 이렇게 알아차림과 함께 화두를 들면서 잠이 들면 숙면을 취할 수가 있습니다. 잠들기 전 화두를 들고 알아차림으로 마음이 깨끗한 상태에서 잠들면, 악몽을 꾸거나 선잠을 자지 않게 됩니다.

만일 잠이 오지 않을 때는 잠을 못 자서 두려워하는 마음을 먼저 알아차리고 앉아서 좌선을 합니다. 좌선을 하다가 졸음이 오면 자연스럽게 누우면서 와선을 합니다. 불면증이 있을 때는, 잠을 못 잘 것 같은 불안한 마음이 자꾸 여러 생각을 일으켜서 더욱 잠을 이루지 못하게 합니다. 그래서 불면증일 때는 반드시 불안한 마음을 먼저 알아차리고, 그 다음 호흡을 대상으로 알아차리면서 "이 뭣고?" 하고 화두를 챙깁니다. 그러면 불안한 마음이 사라지고 잠이 옵니다.

수행자가 낮 동안에 알아차리면서 "이 뭣고?" 하고 화두가 잘 들려 의식이 명료하게 깨어 있으면, 밤에도 잠을 자지 않고

148

계속 알아차리면서 "이 뭣고?" 하고 화두를 들 수가 있습니다. 이때는 아침까지 와선을 하면 좋습니다. 이 경우 잠을 자지 않았어도 모든 피로가 풀려 있기 때문에 가볍고 상쾌한 하루를 시작할 수 있습니다. 이것은 밤새 깨끗한 마음의 작용인 알아차림으로 화두가 성성했기 때문에 모두 깨끗한 상태로 바꾸어진 것입니다.

수행자가 불보살님의 가피를 의지하지 않고 혼자만의 노력으로 깨달음에 이르는 수행법을 자력적(自力的) 수행이라고 합니다. 이런 수행에는 위빠사나, 사마타 수행이 있습니다. 그리고 불보살님의 가피에 의지하여 깨닫는 수행법을 타력적(他力的) 수행이라고 합니다. 염불주력, 기도정진, 만트라 수행이 여기에 속합니다.

부처님 당시에 마하빤타까와 쭐라빤타까 형제가 있었습니다. 마하빤타까는 가끔 할아버지와 함께 부처님 설법을 듣곤 하였습니다. 그는 부처님 설법을 듣고 크게 느낀 바가 있어서 출가하여 비구가 되어 열심히 수행 정진하여 아라한이 되었습니다. 그는 명상의 기쁨 속에서 살면서 이런 기쁨을 동생 쭐라빤타까에게도 전해주고 싶었습니다. 그래서 쭐라빤타까에게 부처님께 출가하기를 권하였고, 쭐라빤타까는 비구가 되었습니다. 출가한 지 얼마 안 되어 형은 동생 쭐라빤타까가 머리가 둔하다는 것을 알았습니다. 한 개의 게송을 외우는 데만 넉 달이 걸렸습니다.

부처님께서는 설법을 하시고는 마지막에 설법한 내용을 게송으로 읊으시곤 하셨습니다. 그러면 비구들은 그 자리에서 대부분 외웠고, 외우지 못한 비구들은 게송을 외우는 비구에게 그 게송을 다시 듣고 외우게 됩니다.

쭐라빤타까는 머리가 둔하여 앞서 외운 게송을 다음 게송을 외우는 동안에 잊어버리기 일쑤였습니다. 마하빤타까는 이런 동생을 두었다는 것을 부끄러워했습니다. 그래서 마하빤타까는 동생에게 말하였습니다. "쭐라빤타까, 너는 더 이상 이 승단에 있을 수 없다. 넉 달 동안 한 게송도 외우지 못하잖아! 그러니 어떻게 성숙한 비구로 살 수 있겠느냐? 이 승원을 떠나거라!"

이렇게 동생을 쫓아냈습니다. 그러나 쭐라빤타까는 부처님 가르침에 대한 열망으로 다시 세속으로 돌아갈 마음이 없었습니다. 이튿날 아침, 쭐라빤타까는 너무 슬펐지만 승단을 떠나라는 형의 말에 따르려고 승원을 나서다가 부처님을 만났습니다. 부처님께서는 쭐라빤타까를 보고 물으셨습니다.

"쭐라빤타까야, 이렇게 일찍이 어디로 가고 있느냐?"

"부처님, 형이 저를 쫓아냈습니다. 제가 머리가 둔해 넉 달 동안 한 게송도 외우지 못한다고 승단을 떠나라고 하였습니다. 그래서 승단을 떠나려고 합니다."

"쭐라빤타까, 너를 승단에 받아들인 것은 내가 한 일이다. 네 형이 그렇게 말할 때, 왜 나에게 오지 않았느냐? 속세로

150

돌아가면 무슨 좋은 일이 있겠느냐? 승원에 머물도록 하여라."

부처님께서는 그의 머리를 쓰다듬으시며 그를 데리고 승원으로 가셔서 위로하면서, 깨끗한 흰 천 조각을 주시면서 말씀하셨습니다. "쭐라빤타까야, 네가 동쪽을 향하여 앉아서 라조하라랑, 라조하라랑, 라조하라랑… 이렇게 계속 외우면서 한 손으로 이 천 조각을 문질러라."

쭐라빤타까는 부처님께서 가르쳐준 대로 동쪽을 향하여 앉아서 "라조하라랑, 라조하라랑, 라조하라랑…"을 계속해서 외우면서 천 조각을 문질렀습니다. '라조하라랑'이란 우리말로 해석하자면 '더러움을 버려라'라는 뜻입니다. 그가 밤낮없이 여러 날을 '라조하라랑'을 외우면서 천 조각을 문지르자 깨끗하던 천 조각의 문지른 자리가 새까맣게 되었습니다. 그가 주력삼매에 들어 날이 가고 달이 가는 줄 모르다가, 무심코 어느 날 새까맣게 된 천을 본 순간 마음의 문이 열렸습니다.

"이 천 조각은 매우 깨끗했지만, 내가 문지름에 따라 원래의 모습이 변하여 더러워졌다. 이렇게 인연 따라 생긴 것들은 참으로 무상하다."

그리하여 부처님이 설하신 무상(無常), 고(苦), 무아(無我)에 사무쳐 열반을 깨닫고 아라한이 되었습니다.

그는 전생기억을 되살리는 숙명통(宿命通)과 한번 들은 법문을 잊어버리지 않는 불망념지(不忘念智)를 얻었습니다. 부처님께서는 그의 공부가 크게 진전됨을 아시고, 더욱 열심히 정진하도록 하였습니다. 쭐라빤타까는 아라한과를 증득했지만, 계속해서 마음집중 공부를 게을리하지 않았습니다.

어느 날 부처님의 주치의인 지바까가 부처님과 비구 스님들을 자기 집으로 공양청을 하고자 했습니다. 그리하여 이런 일을 책임지고 있는 마하빤타까 비구에게 공양청을 부탁했습니다. 그런데 그는 동생 쭐라빤타까에게는 참석을 허락하지 않았습니다. 그는 쭐라빤타까가 얄미웠습니다. 속가 집으로 돌아가라고 해도 가지 않고, 대중이 모여 게송을 합송하는 자리에도 참석하지 않으며, 나무 아래 앉아만 있었기 때문입니다.

공양청이 있는 날, 부처님과 대중 스님들이 지바까의 집에 가서 공양을 드시려 하는데, 부처님께서는 주위를 둘러보시고는 이 대중 가운데 아마도 빠진 사람이 있는 것 같으니 잠깐 기다리라고 하시면서, 아난을 승원으로 보내 빠진 자가 있거든 데려오라고 하셨습니다. 그리하여 쭐라빤타까도 공양청에 참석하게 되었습니다.

공양이 끝난 후 부처님은 쭐라빤타까에게 공양에 대한 감사와 축복의 말을 하라고 하셨습니다. 그러자 쭐라빤타까는 마치 어린 사자처럼 큰 소리로 자신감이 넘쳐 모든 경전을 아우르는 법문을 쏟아냈습니다. 그러자 대중들은 깜짝 놀랐습니다. 부처님께서는 쭐라빤타까가 아라한과를 얻게 된 사연을 말씀하셨습니다. 이때 쭐라빤타까의 나이가 18세였다고 합니다. 이 소문이 널리 알려지자, 비구니 스님들이 그를 자주 초청하여 법문을 들었다고 합니다.

깨달음은 젊고 늙음과 영리하고 둔함에 달려 있지 않습니다. 영리하면 오히려 분별심이 많아져서 도 닦음에 장애가 될 수 있습니다. 부처님께서는 중생들을 깨우쳐 주기 위해 어떤 한 가지의 수행법만을 고집하지 않으시고, 중생의 근기에 맞게 다양한 방편을 펴셨습니다.

불교에는 다양한 수행법이 있습니다. 자력적 수행인 선(禪)에도 위빠사나, 사마타, 간화선, 묵조선, 수식관 등이 있고, 타력적 수행에는 염불, 주력, 만트라, 독경, 절하기 등이 있습니다. 그래서 내게 맞는 수행법을 선택하는 것이 중요합니다. 그러기 위해서는 어떤 선지식을 찾아가느냐에 따라 성취의 승패가 갈라집니다. 무엇보다도 눈 밝은 선지식을 만나는 인연이 중요합니다.

제가 출가한 지 몇 해 지나지 않아 수행이 무엇인지 확실한 방향을 모를 때였습니다. 설악산 신흥사에서 여름을 지내고, 남쪽 지리산 칠불사로 가기 위하여 경남 하동 버스 정류장에서 쌍계사행 버스를 탔습니다. 버스에는 사십대 중반쯤 되어 보이는 인자스러워 보이면서도 근엄한 한 스님의 옆자리만 비어 있어 그 자리에 가서 앉았습니다. 스님께서는 내게 이것저것을 물으셨습니다. 어디를 가느냐고 물으시길래 칠불사에 가려고 한다고 하니, 칠불사는 6.25 때 다 소실되고 양철집 두 채만 남아 있고,

식량이 부족하여 먹고 살기도 힘든 곳이라고 하였습니다. 그리고 쌍계사 주차장에서 걸어서 삼십 리 길인데, 산길이고 험하다고 하였습니다. 오늘은 늦어서 갈 수도 없다고 하였습니다.

이 말을 듣고 난감한 생각이 들었는데, 문득 '이 스님을 따라가면 되겠구나' 하는 생각이 떠올랐습니다. 그래서 스님이 계시는 곳은 어디이며, 오늘 스님이 계시는 곳에 하룻밤 재워줄 수 없겠느냐고 간청했습니다. 스님께서는 쌍계사 위로 2킬로미터쯤 올라가면 불일폭포가 있고, 폭포 바로 위에 있는 불일암이란 조그마한 토굴에 계신다고 하셨습니다. 그러시면서 하룻밤 머무는 것을 허락하셨습니다.

스님을 따라 불일암에 도착하니 벌써 어두움이 깔리기 시작했습니다. 암자에는 진주에서 사신다는 처사 한 분이 계셨습니다. 스님의 불명은 향국(香國)이며, 일찍 출가해 제방선원에서 선을 하셨으며, 요즈음에는 조그마한 토굴에서 기도와 신묘장구 주력 정진을 하신다고 하였습니다. 스님께서는 나에게 어떻게 공부를 짓고 있느냐고 물으셨습니다.

"화두를 들고 참선을 합니다만, 망상이 많아 화두가 잘 들리지 않습니다."

"누구한테 어떻게 지도를 받고 공부를 짓는가?"

"그냥 저 혼자서 책도 보고, 이 스님 저 스님한테 귀동냥으로 듣고 "이 뭣고?"를 합니다만, 잘 안 됩니다."

154

스님께서는 혀를 끌끌 차면서 한심스런 표정을 지으셨습니다.

"참선은 아무나 하는가? 상상근기가 아니면 안 되네. 지금 같은 말세 중생들은 업장이 두터워 화두참선은 어려워. 그리고 방법들이 틀렸어. 옛날 조사들은 근기가 수승하여 마음 챙기는 힘, 곧 집중력이 강해서 선지식에게 화두를 받으면 마음이 단순해서 딴 생각을 내지 않고 의심이 돈발했지만, 요즈음 말세 중생들은 마음이 간교하여 분별심이 많아 화두가 안 들리고 망상에 휘말리고 있어. 먼저 화두를 받아 공부를 하기 전에 거친 번뇌를 쉬는 공부부터 해야 해. 잡초가 우거진 밭에 곡식을 심으려면 어떻게 해야 할까? 먼저 잡초를 메고 나서 씨앗을 뿌려야 하지 않겠어?

집을 지을 때도 기초를 튼튼히 한 뒤에 집을 지어야 하듯이, 이 공부도 마찬가지야. 옛 조사들은 반석 위에 집을 지었다면, 요즈음 중생들은 기초공사도 없이 모래 땅 위에 집을 짓고 있어. 옛 조사들의 기본 바탕이 반석이라면, 요즈음 중생들의 마음 바탕은 모래땅이란 말일세. 모래땅에다 집을 지으면서 기초공사 없이 지으면 어떻게 되겠는가?

기초공사가 뭐야? 육심의식(六心意識)의 거친 번뇌를 쉬게 하는 것이야. 화두 참선법이 문제가 아니라, 공부 방법이 틀렸어. 육심의식의 거친 번뇌를 쉬게 하는 방법으로는 염불이나 다라니 주력이 가장 좋은 법이야. 내일부터 49일 동안 신묘장구대다라니 주력기도를 시작할 터이니 자네도 열심히 한번 해보게나."

향국 스님의 간절한 법문이 내 마음에 크게 와 닿았습니다.

"주력을 하면서도 망상이 일어날 때는 어떻게 해야 합니까?"

"입으로는 대다라니를 외우면서 생각은 엉뚱하게 지나간 일을 반복해서 생각하거나, 미래에 대한 걱정 내지 기대감으로 이생각 저 생각 하면서 다라니를 외우면 집중력이 생기지 않고 공덕도 없어. 우리의 마음은 변덕스럽기가 이루 말할 수 없어서 잠시도 쉬지 않는 거야. 그래서 지금 이 순간에다 육심의식의 마음을 잡아놓는 것이 중요하지. 이 순간에다 마음을 잡아놓는 것을 마음집중이라고 하는 거야.

그렇게 하자면 다라니를 외우면서 머릿속에서 다라니 글자를 똑똑하게 떠올리면서 글자를 써나가며 외우는 거야. 다시 말하면 머릿속에서 다라니경을 한 글자 한 글자 써가며 외우는 것이지. 나는 이런 방법을 사경식 주력법이라고 말하지. 이렇게 다라니를 외우면 망상이 들어오는 틈이 없게 되어, 마음이 다라니 한 글자 한 글자에 집중이 되는 것이야.

보통 사람들은 다라니가 입가에 붙어서 입으로는 줄줄줄 외우면서, 머릿속으로는 딴 생각을 하면서 외우고 있지. 이런 식 주력법은 집중력이 생기지 않는 거야."

어느 누구에게서도 듣지 못한 훌륭한 법문이었습니다. 나는 백천만겁에 만나기 어려운 좋은 기회라 생각하고, 열심히 다라니 기도를 하기로 마음먹었습니다. 이렇게 하여 신묘장구대다라니 주력을 시작했습니다. 기도가 끝나는 회향일이 가까워지자 사경식 주력법이 익혀져서 집중력이 생겼으며, 종일 다라니가 끊이지 않고 이어졌습니다.

다라니 기도를 끝마치고 향국 스님은 전라도 어느 토굴로 들어가신다고 떠났고, 나는 칠불사로 갔습니다. 그때 마침 칠불사에서는 운상원에 선원불사를 하고 있었습니다. 동안거가 가까워지자 참선 수행을 많이 하신 구참 선객인 지용선사가 첫 개원한 칠불선원에 오셨습니다.

그 스님께 신묘장구대다라니 주력을 하고 있다고 말하였더니, 스님께서는 다라니 주력을 잘못하면 마구니 굴에 빠지게 되니, 화두를 참구하는 참선 수행을 하라고 하셨습니다. 그래서 "화두를 일러주십시오." 했더니 구자무불성 화두를 일러주셨습니다. 신묘장구대다라니 주력을 하기 전, 내 임의로 선택하여 참구하던 "이 뭣고?" 화두는 집중이 안 되어 잘 들리지 않았는데, 이번 지용선사로부터 받은 무자화두는 그렇지 않았습니다.

향국 스님의 말씀대로 주력을 한 힘으로 집중력이 생겼고, 지용선사로부터 제대로 격식과 위의를 갖추어 화두를 받았기 때문이 아닌가 생각했습니다. 두 분 스님을 만난 것이 내게는 큰 행운이었다고 지금도 생각합니다. 이렇듯, 언제 어떤 선지식을 만나 어떤 가르침을 받느냐가 수행의 방향을 결정짓는 아주 중요한 일입니다.

이번 여러분과의 만남이 좋은 만남이었으면 합니다.

제8강

일상선

우리는 잠자는 시간을 빼면 하루 15시간 이상 활동을 하는 셈이다. 그래서 활동하는 자신을 놓치지 않고 알아차리며 "이 뭣고?" 하고 화두를 챙기면 빠르게 발전할 수 있다. 수행자에게 일상의 알아차림은 매우 중요하다. 생활 속에서 자신이 하는 모든 일들을 놓치지 않고 알아차리면서 "이 뭣고?" 하고 화두를 챙겨야 한다. 말을 할 때도 말하려고 하는 의도를 알아차리고, 말을 하는 자신의 목소리를 알아차리며, "이 뭣고?" 하고 화두를 들어, 듣는 주인공을 찾는다. 어떤 행동을 할 때도 무슨 마음으로 하는지 분명하게 알아차리며, "이 뭣고?" 하고 화두를 들고 행동한다. 일상생활은 대상에 휘둘려 알아차림을 놓치기가 쉽고, 알아차림을 놓치면 화두 챙기는 것도 놓치기 쉽기 때문에 더욱 노력이 필요하다.

일상생활에서 무슨 일을 할 때마다 항상 알아차림으로 마음을 챙기어 "이 뭣고?" 하고 주인공을 찾는 것은 쉬운 일이 아닙니다. 하지만 알아차림으로 인해 나쁜 행동을 하지 않게 되고, 나쁜 말을 하지 않게 되며, 나쁜 생각을 하지 않게 됩니다. 알아차림은 수행자에게는 계를 어겨 불선업을 짓는 어리석은 일이 없게 합니다.

수행자라면 아침부처 저녁까지 모든 행위를 알아차리며 "이 뭣고?" 하고 화두를 챙길 줄 알아야 합니다. 아침에 잠자리에서 깨면 먼저 현재의 마음을 알아차리고 호흡을 몇 번이라도 알아차린 뒤에 "이 뭣고?" 하고 화두를 들어야 합니다. 그러고 나서 배와 목과 허리를 문지르고 다리를 주무른 뒤, 잠시 고요히 앉아 좌선을 하고 오늘 하루가 시작됨을 감사하는 기도를 합니다. 그리고 오늘 하루, 해야 할 일을 잠깐 생각해 봅니다.

그러고 나서 몸을 움직이면서 몸이 움직이는 것을 알아차리며 "이 뭣고?" 하고 화두를 챙깁니다. 침대에서 일어날 때는 천천히 일어나면서 일어나는 것을 알아차리며, 방문을 열고 닫는 것, 화장실에 가는 것, 세면장에서 양치질과 세수하는 것, 목욕하는 것 등을 모두 알아차리며 "이 뭣고?" 하고 화두를 챙깁니다. 또한 걷거나 서거나 눕거나 주위를 둘러보거나 할 때도 알아차리며 "이 뭣고?" 하고 화두를 챙깁니다.

옷을 입거나, 말을 하거나, 침묵하거나, 먹거나 마시거나,

대소변을 볼 때까지도 모두 알아차리며 "이 뭣고?" 하고 화두를 놓치지 말아야 합니다. 하지만 가끔 알아차림을 놓치고 화두도 놓치며 망상에 빠져 있을 때가 있습니다. 그때 '지금 마음이 무엇을 하고 있는가?'하고 현재로 돌아와서 알아차림으로 "이 뭣고?" 하고 화두를 챙겨야 합니다.

지금 무슨 일을 하는지, 하는 일의 현장에 마음을 두면 됩니다. 저녁에 잠을 잘 때도 아침에 일어날 때와 마찬가지로, 먼저 마음을 알아차린 뒤에 호흡을 주시하면서 "이 뭣고?" 하고 화두를 들고 잠을 자야 합니다.

사람들은 음식을 먹을 때는 대부분 탐심을 가지고 먹기 때문에 알아차림도, 화두도 놓치고 맙니다. 먼저 음식을 대하는 마음을 알아차리고, 그 다음 '지금 무슨 마음으로 먹는가?', '탐욕으로 먹는가?', '성급하게 먹는가?' 아니면 '감사하는 마음으로 먹는가?', '편안한 마음으로 먹는가?'를 알아차린 뒤에, 만일 탐심이나 성급한 마음이 있으면, 일단 먹는 것을 중지하고, 그 마음이 가라앉을 때까지 알아차리면서 "이 뭣고?" 하고 화두를 챙깁니다. 이렇게 알아차리며 "이 뭣고?" 하고 화두를 챙기면서 음식을 먹어야지, 그렇지 않으면 음식을 먹는 것이 아니고 탐욕을 먹는 것입니다.

음식을 먹을 때 먼저 '지금 무슨 마음인가?' 하고 마음을 알아차리는 것이 중요합니다. 지금 현재의 마음을 알아차린 뒤, 음식을

160

뜨는 것을 알고, 수저를 들 때 듦을 알고, 입에 넣는 것을 알면서 "이 뭣고?" 하고 화두를 챙기면서 음식을 먹습니다. 꼭 식사시간만 알아차리는 것이 아니라, 어디서 어떤 음식을 먹든지, 알아차림을 놓쳐서는 안 됩니다. 과자나 간식을 먹을 때도 먹고 싶은 마음이 올라오는 것을 알아차려야 합니다.

그때마다 '성급한 마음이 있는가?', '탐심이 있는가?', '배가 불러 있는데도 먹으려고 하는가?' 등을 알아차리면서 "이 뭣고?" 하고 화두를 챙겨야 합니다. 그러나 이렇게 알아차리면서 화두를 들고 먹는 것이 쉽지 않습니다. 알아차리면서 화두를 드는 힘은 약하고, 탐심은 아주 강하기 때문입니다. 그래서 먼저 마음을 알아차려서 급한 마음이 없어지고 편안해졌을 때 먹어야 알아차리면서 "이 뭣고?" 하고 화두를 챙겨들 수 있습니다.

그리고 음식에 마음을 두지 말고 "이 뭣고?" 하고 화두에 집중해야 합니다. 그렇지 않으면 마음이 여러 반찬들로 왔다갔다 하면서 자꾸 탐심이 일어나서 급하게 먹게 됩니다. 젓가락을 들고 이것저것 탐색하고, 음식을 흘리며, 몇 번 씹지도 않고 급하게 삼키고, 아직 삼키지도 않았는데 다시 음식을 입에 넣기도 합니다. 그런가 하면 남의 몫까지 먹을 수도 있습니다. 이 모두가 탐심을 가지고 먹는 것입니다. 그러면 음식을 먹는 것이 아니라 탐심을 먹는 것이고, 탐심이 점점 더 많아진다면 이런 사람을 수행자라고 할 수 없습니다.

음식을 탐욕심으로 먹지 말아야 하고, 음식을 이름으로 먹지 말아야 합니다. 다시 말하면 닭고기, 돼지고기, 쇠고기, 과일 등 음식의 모양이나 이름에 빠져 먹지 말고, 그 음식의 고유한 맛을 음미하면서 "이 뭣고?" 하고 화두를 챙기면서 먹어야 합니다. 음식의 모양이나 이름은 관념이고, 음식의 맛은 실재입니다. 음식의 이름은 변하지 않지만, 그 맛은 순간마다 변합니다. 만일 고급요리라는 모양에 빠지면 알아차림과 화두를 놓치고 과식하게 됩니다.

또 자신이 좋아하는 음식이냐, 싫어하는 음식이냐에 따라 탐심과 성냄이 일어나는데, 그때 그 마음을 알아차리며 "이 뭣고?" 하고 화두를 관하면, 좋아하거나 싫어하는 마음이 사라져서 차분하게 먹을 수 있습니다. 그러면 수행을 하면서 적당히 알맞게 먹게 될 것입니다.

수행자는 직장에 가기 위하여 아침에 집을 나설 때마다 자신의 발걸음을 알아차리고, 걷고 있는 이놈이 "이 뭣고?" 하고 화두를 관하면서 걷는 것입니다. 그러다가 어떤 일을 생각하게 되면, 생각한 것을 알아차리고, 다시 발걸음을 알아차리면서 걷고 있는 이놈이 "이 뭣고?" 하고 화두를 챙깁니다. 직장에서 다른 사람과 대화할 때는 말하려는 의도를 알아차리고, 상대의 말에 반응하는 자신의 모습을 알아차리면서 "이 뭣고?" 하고 화두를 들어 놓치지 말아야 합니다. 또한 다른 직원들의 언행에 대해서 시비 분별하는 자신을 알아차리며 "이 뭣고?" 하고 화두를 들어야 합니다.

이렇게 알아차림을 하면서 화두를 들면, 마음이 안정되어 직장에서 바르고 적절한 행동을 하게 되기 때문에 실수가 적어지고 일의 능률도 높아집니다. 그러나 알아차림이 없다면, 매순간 일어난 자신의 느낌과 생각에 속아서 자신도 모르게 탐욕과 성냄과 어리석음으로 행동하게 됩니다. 그리고 행주좌와 어묵동정의 모든 행위를 알아차리고 있으면, 그때 일어나는 느낌과 생각과 의도를 알아차릴 수 있으며, "이 뭣고?" 하고 화두를 놓치지 않고, 하루 종일 업무와 수행을 함께 할 수 있게 됩니다.

수행자가 일생생활에서 모든 행위를 알아차리면서, 화두를 놓치지 않으며 한결같을 때를 간화선에서는 동정일여(動靜一如) 경계라고 합니다. 이때에는 화두가 순수하고 의단이 독로하여, 화두를 들지 않으려고 해도 화두가 들려 의정이 조금도 흔들림이 없기 때문에, 구태여 몸과 마음에서 일어나는 현상을 알아차리려고 할 필요가 없습니다. 항상 깨어 있고, 망념이 들어오지 않고 오직 화두의정만 독로하기 때문입니다.

여기서 좀 더 깊어지면 이제는 잠자는 가운데 꿈을 꾸면서도 의정이 흩어지지 않고 독로하게 됩니다. 이때를 몽중일여(夢中一如) 경계라고 합니다. 꿈속에 좌선을 하면서 다만 화두를 참구하고 있다면, 참선하는 꿈이지 몽중일여가 아닙니다. 몽중일여 경계는 화두라는 방편은 사라지고 알 수 없는 의정만 독로하여 잠자는 가운데도 한결같지만, 다하지 않은 미세한 망념이 마치 영화 화면처럼 꿈으로 잠깐 잠깐 나타났다 사라지곤 하는 상태입니다. 몽중일여가 아닌 상태에서는 꿈속에서 내가 생시처럼 남과 대화도 하고, 다투기도 하며, 좋은 일이 있으면 즐거워하고, 나쁜 일이 있으면 괴로워합니다. 그러나 몽중일여의 경계에서는 꿈을 꾸더라도 나는 객석에서 영화나 연극을 관람하는 관객처럼 감상할 뿐, 화두의정이 흐르는 강물처럼 끊어짐이 없습니다.

여기서 수행이 좀 더 깊어지면 숙면일여(熟眠一如)가 됩니다. 화두의정이 행주좌와 일여하고 어묵동정 일여하고 몽중일여까지는 거의 의식으로 의정을 지어갑니다. 하지만 숙면시(熟眠時)에는 무기관성(無記慣性)만 영향을 미치는 무의식(無意識)의 영역입니다. 무의식의 영역에서는 의식이 미치지 못하므로 몽중일여시에 의해 생긴 정력(定力)의 힘, 곧 삼매관성(三昧慣性)으로 제팔아뢰야식의 영역을 화두의정으로 채워야 합니다.

삼매관성으로 윤회의 원인이 되고 미세망념의 근본이 되는 카르마를 제압하고, 무기를 소멸시켜 제팔아뢰야식의 영역을 화두의정으로 꽉 채우는데, 이런 경지를 숙면일여, 오매일여(寤寐一如), 선정삼매(禪定三昧)라고 합니다. 이때의 경계는 육신이 인간 세상에 있는 것도 모르고, 앉아 있어도 앉아 있는 줄도 모르며, 낮인지 밤인지도 분간하지 못하며, 온통 시방세계가 화두의정으로 꽉 차 의식이 없는 토목와석과 같게 됩니다. 이때

164

에야 비로소 제팔아뢰야식이 다스려져 세번뇌(細煩惱)가 평정됩니다.

이러한 오매일여의 청정무구한 경지에서 홀연히 들어오는 육진경계인 색성향미촉법의 어느 한 경계에 자극을 받는 순간, 화두의정이 깨지면서 확철대오하게 됩니다. 세존께서 납월파일 새벽별을 보시고 도를 깨달은 것과, 영운 스님이 복사꽃을 보고 깨달은 것과, 향엄 스님이 기와 조각이 대나무에 부딪히는 소리를 듣고 깨달은 것과, 장경 스님이 발을 말아 올리다가 깨달은 것과, 현사 스님이 돌부리를 차다가 깨달은 것과, 서산 스님이 낮닭 우는 소리를 듣고 깨달은 경우입니다.

깨닫는다는 것은 육식, 칠식, 팔식이 뒤바뀌어 범부가 성인이 되는 순간입니다. 온몸이 전류에 감전되듯 깨달음의 전율이 흐르고 법희선열(法喜禪悅)의 에너지에 감싸입니다. 이때 수행자에 따라 다르지만 신통력을 얻는 수도 있습니다. 전생사를 기억하는 숙명통(宿命通), 앞날을 예측해 아는 천안통(天眼通), 남의 마음을 아는 타심통(他心通), 새와 짐승의 소리를 듣고 그 뜻을 아는 천이통(天耳通), 순간이동을 하는 신족통(神足通), 그리고 번뇌가 다한 누진통(漏盡通)을 성취할 수도 있는 것입니다.

깨닫고 보니 눈앞에 보이는 모든 물건들이 다 실상이요, 진리요, 청정법신 비로자나 부처님입니다. 바로 앉아 있는 이 자리가 부처님이 계시는 화장세계(華藏世界)입니다. 이때에야 비로소

산은 산이요, 물은 물인 것입니다. 깨치기 전까지는 제팔아뢰야식의 다겁생으로부터 쌓여진 카르마에 가리움을 받고, 금생에 와서 제육의식의 관념이 붙어 두 번 전도된 눈으로 사물을 보았으니 허상을 본 것입니다. 중생은 귀로 소리를 듣고, 코로 향기를 맡으며, 혀로 맛을 보고, 피부로 감각을 느끼고 사물을 판단하면서, 모두 전생업과 금생업에 의해 전도된 생각으로 살아가고 있습니다.

이제 깨달아 청정한 정심(淨心)으로 일체관념이 붙지 않은 바른 눈으로 사물을 보니 실상이요 진리가 아닌 것이 없습니다.

석가세존은 보리수 아래 단정히 앉아 선정삼매에 들어 있다가, 홀연히 동쪽 하늘에 떠 있는 샛별을 보는 순간, 영겁불매(永劫不昧)의 진리를 깨쳤습니다. 그 별은 석가세존이 이 세상에 태어나기 전에도 떴고, 3천 년 후인 오늘도 새벽 동쪽 하늘에 떴습니다. 석가모니 부처님께서는 깨치기 전에 그 별을 여러 번 보셨을 것입니다. 그러나 성도하시던 날 새벽에 뜬 별은 전날의 별과 똑같은 별이지만, 일체망념이 다해 청정무구한 마음에서 보았기에 영겁불매의 진리를 깨달으신 것입니다.

그러나 왜 중생은 똑같은 별을 보면서도 깨닫지 못할까요? 중생은 제팔아뢰야식의 전생업인 무명과 금생업인 육의식의 망념으로 가리어 두 번 전도된 업으로 봅니다. 그래서 실상인 진리를 깨닫지 못합니다.

깨닫고 나서도 수행은 계속됩니다. 그러나 깨닫고 나서의 수행을 선문에서는 보림(保任)이라고 합니다. 보림이란 무심도인의 무애자재(無碍自在)한 대적삼매(大寂三昧)이며, 망념이 다하고 진여(眞如)를 증득하여 구경각을 성취한 후의 행(行)을 말합니다.

용담 스님이 도오선사의 한마디 말에 깨닫고 물었습니다.
"어떻게 보림하리이까?"
도오선사가 게송으로 답하였습니다.

"성품에 맡기어 유유히 노닐며,
인연을 따르되 걸림 또한 없느니라.
다만 범부의 마음이 다했을 뿐,
특별히 기특한 견해가 없다."

任性逍遙　　隨緣放曠
임 성 소 요　　수 연 방 광

但盡凡情　　別無聖解
단 진 범 정　　별 무 성 해

무심도인의 행은 마음 가는 대로, 발 가는 대로 유유자적하며, 오라고 하는 데는 없어도 갈 곳은 많습니다. 인연 따라 형편 따라 찬밥도 좋고, 더운밥도 좋고, 보리밥이든 쌀밥이든 상관이 없습니다. 이것이 일 마친 무심도인의 행입니다. 해진 옷 입고 맨발로 재 투성이가 된 더벅머리로 동가식서가숙 하면서도 항상 너털웃음을 지으며 살아갑니다. 짓궂은 애들이 얼굴에 침을 뱉어도 마를 때까지 그냥 두고, 밀어뜨리면 통째로 구릅니다. 하지만 얼굴엔 항상 즐거움으로 가득 차 너털웃음뿐입니다.

밥 비는 표주박을 든 한산과 국청사 부엌데기 습득이 문수, 보현보살의 화신인 줄을 누가 알았겠습니까? 한산과 습득의 시 한 수를 음미해 봅시다.

하 하 하,
내가 한바탕 웃어버리니 모든 번뇌가 사라지고
번뇌로 괴로운 세상 즐거운 모습으로 바뀌었네.
사람을 괴롭히는 번뇌가 자취 없이 사라지니
대도는 한바탕 껄껄 웃는 데 있구려.

呵 呵 呵
가 가 가

我若歡顏少煩惱　世間煩惱變歡顏
아 약 환 안 소 번 뇌　세 간 번 뇌 변 환 안
爲人煩惱終無濟　大道還生歡喜間
위 인 번 뇌 종 무 제　대 도 환 생 환 희 간

남의 마음을 아는 타심통(他心通), 전생사를 아는 숙명통(宿命通), 앉아서 천리를 보는 천안통(天眼通), 앉아서 천리 밖의 소리를 듣는 천이통(天耳通), 어떤 환자든 병을 낫게 하는 약의통(藥医通)을 해야만 대해탈 도인이 아닙니다.

진정한 무심도인은 겉치장에 신경 쓰지 않습니다. 칭찬도, 멸시도 상관하지 않고, 그저 배고프면 먹고 피곤하면 잠을 잡니다. 그렇다고 중생들의 고통을 그저 보고만 있지는 않습니다. 냉정하기는 얼음 같고 부드럽기는 솜털 같으며, 따뜻하기는 어머니 품 같은 자비심으로 인연 중생을 제도합니다.

가식이 없는 천진한 그분 옆에만 있으면 웬지 마음이 편해져 불안과 초조가 사라집니다. 그분의 천진한 미소를 보는 순간, 성내는 마음이 사라지니 남을 미워하던 마음이 사랑으로 바뀌고, 그분의 말 한마디에 탐심이 사라지니 형제간의 재산 싸움도 타협과 양보로 해결됩니다.

그분의 시원한 법문을 듣는 순간, 진리의 눈이 뜨이고, 지혜마음 열리어 생사고를 벗어납니다. 마른 가지에 꽃이 피듯, 중생들의 마음에 자비의 생명수를 불어넣어 새 삶을 얻게 합니다. 대도를 깨달은 무심도인은 상(相)에 머무르지 않습니다. 상(相)은 아상(我相), 인상(人相), 중생상(衆生相), 수자상(壽者相)을 말합니다.

부처님께서는 금강경에서 상(相)에 머무르지 않고, 색성향미촉법에 주(住)하지 않으며, 하되 한 바가 없는 무위(無爲)의 묘유(妙有)를 중생들에게 직접 보여주셨습니다.

"이와 같이 내가 들었다. 어느 때 부처님께서 사위국 기원정사에서 비구 대중 천이백오십 인과 함께 계셨다. 마침 공양 때가 되어 세존께서는 가사를 입으시고 발우를 들고 사위성에 들어가셔서 성중에서 차례로 밥을 비셨다. 그리고는 본래의 곳으로 돌아와 공양을 마치신 뒤 가사와 발우를 거두시고 발을 씻으신 다음 자리를 펴고 앉으셨다."(금강경)

부처님께서는 32상과 80종호를 갖추시고 1,250인의 제자를 거느리신 거룩한 분께서 어떠한 상(相)을 내세우지 않으시고, 초학 비구와 같이 가사를 입으시고 신발을 벗고 맨발로 손수 발우를 들고 사위성에 들어가셔서 차례로 밥을 비셨습니다. 차례로 밥을 비셨다는 것은 부잣집, 가난한 집, 바라문 집, 귀족의 집, 상인의 집, 농사꾼의 집 등의 신분을 가리지 않고 차별없는 평등한 마음으로 밥을 비셨다는 것입니다.

부처님께서 발우를 들고 길거리에 나서자, 어떤 사람은 존경의 말을 한 자도 있었고, 비방하는 외도들도 있었습니다. 길거리에는 여러 가지 풍경과 사건들이 벌어지고 있었지만, 어디에도 마음이 머문 바가 없었습니다. 부처님께서는 음식의 향기와 맛과 딱딱함과 부드러움에 마음이 주한 바가 없이, 담담한 무심 속에서 공양을 마치셨습니다. 이렇게 무심의 일행삼매(一行三昧) 속에서 가사와 발우를 거두시고 발을 씻으신 다음, 자리를 펴고 앉으셨습니다. 금강경 제일법회인유분(第一法會因由分)에 나오는 것처럼 부처님께서는 '몸소 응당 머문 바 없이 마음을 내다'라는 응무소주이생기심(應無所住而生其心)인 무상(無相), 무주(無住), 무위(無爲)를 몸소 보여주신 것입니다.

그러므로 부처님께서는 제일법회인유분에서 금강경을 다 설해 마치신 것이나 다름이 없습니다. 그러나 어리석은 중생들이 깨닫지 못하므로 수보리 존자가 자리에서 일어나, 부처님께 법을 청하여 부처님으로부터 말씀을 하게 하여 깨달음을 주도록 한 것입니다.

금강의 대의(大意)는 무상(無相)을 종(宗)으로 삼았고, 무주(無住)를 체(体)로 삼았으며, 무위(無爲)인 묘유(妙有)를 용(用)으로 삼은 것입니다. 중생들은 상(相)에 집착하여 온갖 분별심을 일으키어 희로애락의 소용돌이에 휘말립니다.

중생들이 집착하는 상(相)에는 아상(我相), 인상(人相), 중생상(衆生相), 수자상(壽者相)이 있습니다.

아상(我相)은 오온으로 이루어진 거짓 나를 참나인 줄 알고 집착하여, 생사윤회의 근본인 무명을 쌓는 것입니다. 나라는 생각에 빠지어 내가 잘났다, 많이 배웠다, 많이 가졌다, 높은 지위에 있다, 남보다 재주가 있다는 우월감도 아상이지만, 반대로 못났다, 못 배웠다, 못 가졌다, 낮은 지위를 가졌다, 남보다 못하다는 열등의식도 아상입니다. 잘났다는 우월감보다 못하다는 열등의식을 버리는 것이 더 어려운 아상입니다. 무엇보다도 평등심(平等心)을 갖는 것이 중요합니다.

인상(人相)은 나는 브라민(사제)이다, 나는 크샤트리아(왕족 또는 군 장수)이다, 나는 바이샤(평민)이다, 나는 수드라(종과 노예)이다, 나는 백인이다, 나는 흑인이다, 나는 황인이다, 나는 남자다, 나는 여자다라는 사회적 차별 상(相)을 말합니다.

중생상(衆生相)은 나는 만물의 영장인 인간이다, 너는 짐승인 소, 말, 양, 돼지이다, 그러니 나는 너를 잡아먹어도 된다는 차별 상(相)입니다. 이렇게 생각하여 사람들은 짐승을 잡아먹으면서도 조금도 죄책감을 느끼지 않습니다. 그러나 윤회를 알고 계시는 부처님의 입장에서 보면, 사람이 짐승 되고 짐승이 사람으로 태어나는 경우가 있으므로 모두 평등하게 보신 것입니다.

수자상(壽者相)은 나는 할아버지이고 너는 손자다, 나는 아버지이고 너는 내 아들이다, 나는 형이고 너는 내 동생이다, 나는 선배이고 너는 후배이니 나를 받들라고 생각하여 나이가 많음을 내세워 사회적 대접을 받으려는 생각입니다. 그러나 윤회를 알고 계시는 부처님 입장에서 보면 선후가 없는 절대 평등입니다.

　　중국 당나라 때 한산(寒山)과 습득(拾得)이라는 두 기인이 있었습니다. 한산은 천태 시풍현 서쪽 70리에 있는 한암(寒岩)의 깊은 굴 속에 살았으므로 한산이라고 불렀습니다. 몸은 바싹 마르고 보기에 미친 사람 비슷한 짓을 하였습니다. 그는 천태산 국청사에 와서 대중 스님들이 먹고 남은 밥을 습득이가 큰 대통에 담아 두었다가 주면 가지고 가곤 하였습니다. 그리고 그는 미친 것처럼 보였지만 불교의 이치에 맞는 말을 하고, 또 시를 잘 하였다고 합니다. 후세 사람들은 그를 문수보살이라고 합니다.

　　습득(拾得)은 풍간(豊干) 선사가 적성도(赤城道) 길가에서 주워 왔다고 하여, 주울 습(拾), 얻을 득(得) 습득이라는 이름이 되었습니다. 그는 천태산 국청사 부엌에서 설거지를 하며 살았는데, 한산이 오면 즐겁게 어울려 놀기도 하고, 남은 음식을 싸주곤 하였습니다. 후대 사람들은 그를 보현보살 화신이라고 합니다.

　　어느 날 거지 차림을 한 한산과 습득이 어느 마을을 지나가다가, 결혼식을 하는 잔칫집에 들어가 음식을 얻어먹게 되었습니다. 그들은 그들 앞에 차려준 음식을 먹지 않고 큰소리로 깔깔대어 웃었습니다. 그러자 주위에 있던 손님들이 거지들이 소란을 피운다고 호되게 꾸짖으며 내쫓았습니다. 쫓겨난 그들은 그 집 담벼락에 이런 시를 써놓고 갔습니다.

　하 하 하

연지 찍고 곤지 찍고 비단옷 입은 저 신부,
전생의 할머니가 죽어 다시 태어나
손자의 새 색시로 시집오고요.
손님들 주안상 위에 올라 있는 돼지고기
욕심 많은 고모가 죽어 돼지로 태어나서
조카의 결혼식 날 술 안주가 되었구나.
어리석은 중생들은 그런 줄도 모르고
신부가 예쁘니 미우니 말이 많고
술 안주 돼지고기가 부드럽니 질기니
입방아를 찧는구나.
하 하 하

이것으로 위빠간화선 강설을 마치고자 합니다. 바쁜 생활 속에서도 참선 수행을 하고자 열심을 부리시는 여러분께 감사드 립니다. 저는 속세의 복잡한 반연을 끊고 또 외부와 접촉이 드문 산사에서 지내면서 수행에 게으름을 피울 때가 많습니다. 그러나 여러분들은 세속의 생활전선에서 바쁜 가운데 시간을 쪼개어 수행을 하고 계십니다. 이 얼마나 장한 일입니까.

저의 강의가 여러분의 참선 수행에 도움이 되었으면 좋겠습니 다. 감사합니다. 다 같이 성불합시다.

위빠간화선 (본책)

선(禪)의 원류(源流)

위빠사나 선(禪)과 사마타 선(禪)

부처님께서 가르치신 깨달음에 이르는 길은, 위빠사나 선(禪)과 사마타 선(禪)으로 나눌 수 있다. 위빠사나라는 용어는 부처님 당시 중인도 언어인 팔리(pāli)어이다. 위빠사나(vipassanā)에서 위(vi)는 '분리'라는 뜻이며, 빠사나(passanā)는 '직관, 통찰'이라는 뜻이다. 다시 말하면 대상을 분리해 놓고 있는 그대로 지켜보는 것을 말한다.

사마타 선은 대상의 이미지, 상(想), 모양(相), 관념(觀念)을 수행 주제로 삼는다. 사마타는 '집중'을 뜻하는 말인데, 집중에는 바른 집중과 삿된 집중이 있다. 바른 집중은 수행 주제에 집중하는 것이며, 삿된 집중은 감각적 쾌락의 대상에 집중하는 것이다. 바른 집중에는 근본 집중, 근접 집중, 찰나 집중이 있다. 사마타 선에서 하는 집중에는 근본 집중과 근접 집중이 있고, 위빠사나 선에서 하는 집중은 찰나 집중이다.

집중은 지(止)요 정(定)이며, 알아차림은 관(觀)이요 혜(慧)이다. 지(止)만 있고 관(觀)이 없으면 무기(無記)요, 관(觀)만 있고 지(止)가 없으면 산만(散漫)이다. 위빠사나 선은 관(觀)하며 지(止)하고, 사마타 선은 지(止)하며 관(觀)하는 수행법이다.

사마타 선 수행의 근거가 되는 경전

사마타 선 수행의 근거가 되는 경전은 수능엄경(首楞嚴經)이다. 수능엄경에서 부처님께서는 "너희들 보살과 아라한들이 나의 불법 가운데서 더 배울 것 없음을 이루었나니, 너희들이 처음에 발심하고 깨달을 적에 18계(界)에서 어느 것이 원통(圓通)한 것이며, 무슨 방편으로 삼매에 들어갔느냐?"라고 물으셨다. 이때 보살과 아라한 25분이 차례로 나와 삼매를 얻어 원통에 들어간 방편을 말하였다. 그때 마지막으로 관세음보살이 나와 부처님께 아뢰었다. "제가 스스로 음성을 따르지 않고 관(觀)하는 것을 돌이켜 관(觀)하여 원통을 얻었기 때문에 시방의 모든 고뇌하는 중생들로 하여금 나와 같이 그 음성을 관(觀)하게 하여 해탈을 얻게 하겠습니다."

그러자 부처님께서는 문수보살에게 말씀하셨다. "네가 이 25 무학 아라한과 보살들을 보라. 제각기 처음에 도를 이루던 방편을 말하면서, 모두 진실한 원통을 닦았노라 하니, 저희들이 수행하는 데는 참으로 낫고 못하고, 앞서고 뒤서고 하는 차별이 없으려니와 내가 지금 아난으로 하여금 깨닫게 하려면, 25원통에서 어느 것이 그 근기에 적당하겠으며, 또 내가 열반한 뒤에, 이 세계 중생들이 보살승(乘)에 들어가서 위없는 도를 구하려면, 어느 방편 문으로 닦아야 쉽사리 성취할 수 있겠느냐?"

문수보살은 게송으로 답하여 24분의 보살과 아라한들의 방편으로는 위없는 깨달음으로 들어갈 수 없고, 관세음보살의 이근원통(耳根圓通)만이 무상도(無上道)를 깨닫게 할 수 있다고 하면서, 다음과 같이 칭송하였다.

> "아난아 대중들아, 다만 듣는 귀
> 듣는 성품 돌이켜 자성을 들으라.
> 자성으로 무상도 성취하니
> 진정한 원통이란 이러하니라.
> 이것이 부처님들 열반 가는 길,
> 과거의 부처님도 지금 여래도
> 모두 다 이 문으로 성불하셨고
> 이 세상 보살들도 그러하리니
> 이 다음 학인(學人)들도 성불하려면
> 이 법으로 따라서 가야 하리라.
> 나 역시 이 문으로 들어갔노니
> 관세음보살만이 아니러니라.
> 세존께서 나를 시켜 깨달음 얻기에

가장 쉬운 방편문 택하라심은
오는 세상 중생들 세간을 나와
성도하려는 이를 건지려 함이니
위없는 열반심을 이루는 데는
관세음 이근원통(耳根圓通) 제일이옵고,
그밖에 여러 가지 방편문들은
모두 다 부처님의 위신력(威神力)으로
제각금 닦은 방편 마땅한 대로
번뇌를 버리도록 하심이언정,
옅고 깊은 근기들이 다같이 닦고
두고두고 배울 법 못 되나이다."

『수능엄경』에서 여러 보살들과 아라한들이 말하는 방편 중에 무상관(無常觀), 자비관(慈悲觀), 향(香), 맛(味), 바람(風)을 관하는 것은 상(想)을 주제로 하는 사마타 선 수행이요, 코끝을 관(觀)하기, 벽에 한 점을 그려놓고 관하는 법은 모양을 주제로 하는 사마타 선 수행이요, 관세음보살의 이근원통, 묵조선의 묵이상조(黙而常照), 간화선(看話禪)의 화두의정(話頭疑情)은 관념을 주제로 하는 사마타 선 수행이다.

관념을 주제로 하는 사마타 선 수행은 강한 집중력으로 제법(諸法)의 진리를 관하여 빠른 시일에 근본집중에 이르러 제팔아뢰야식(第八阿賴耶識)에 잠재된 근본무명(根本無明)을 조복시킬 수 있다. 사마타 선은 중국, 한국, 일본 등 북방 불교권에서 많이 수행해 오는 선 수행법이요, 위빠사나 선 수행은 스리랑카, 미얀마, 태국 등 남방 불교권에서 수행해 오는 선 수행법이다.

위빠사나 선 수행의 근거가 되는 경전

위빠사나 선 수행의 근거가 되는 경전은 디가니까야의 22번째 경전인 『대념처경』(大念處經)을 근거로 한다. 부처님께서는 『대념처경』에서 다음과 같이 말씀하셨다.

"이와 같이 나는 들었다. 한때 부처님께서는 꾸르스 지방의 깜마사담마라는 마을에 머무셨습니다. 그때 부처님께서는 '비구들이여!'라고 비구들을 부르셨습니다. 비구들은 '네, 세존이시여!'라고 대답했습니다. 그러자 부처님께서는 다음과 같이 말씀하셨습니다.

"비구들이여, 이것이 유일한 길이다. 중생을 정화하고, 슬픔, 비탄을 극복하게 하고, 육체적인 고통과 정신적인 고통을 사라지게 하고, 올바른 길에 도달하게 하고, 열반을 실현하기 위한 길이다. 이것은 바로 네 가지 알아차림의 확립이다.

무엇이 네 가지인가? 비구들이여, 몸에서 몸을 알아차리는 수행을 하면서 지낸다. 열심히 분명한 앎을 하고 알아차려서 세상에 대한 욕망과 싫어하는 마음을 제어하면서 지낸다. 느낌에서 느낌을 알아차리는 수행을 하면서 지낸다. 열심히 분명한 앎을 하고 알아차려서 세상에 대한 욕망과 싫어하는 마음을 제어하면서 지낸다. 마음에서 마음을 알아차리는 수행을 하면서 지낸다. 열심히 분명한 앎을 하고 알아차려서 세상에 대한 욕망과 싫어하는 마음을 제어하면서 지낸다. 법에서 법을 알아차리는 수행을 하면서 지낸다. 열심히 분명한 앎을 하고 알아차려서 세상에 대한 욕망과 싫어하는 마음을 제어하면서 지낸다."

위빠사나 선 수행은 몸(身), 느낌(受), 마음(心), 법(法)이라는 네 가지 대상에 대하여 어떤 군더더기도 붙이지 않고 사실 그대로, 있는 그대로 알아차려서 자신을 정화하고 육체적, 정신적 고통을 사라지게 하고, 마지막에 열반을 실현하는 데 그 목표가 있다.

위빠간화선 수행

　　수행을 시작하기 전에 먼저 '지금 무슨 마음가짐인가?' 하고 현재의 마음을 알아차린다. 바라는 마음이나 근심걱정이 있으면 수행을 할 수 없다. 그래서 먼저 그 마음을 알아차려서 마음을 비워 편안해진 마음으로 수행을 시작한다.

　선지식으로부터 화두를 받은 분은 그 화두를 들되, 화두를 따로 받지 않는 분은 "이 뭣고?" 하고 화두를 들면 된다. "이 뭣고?"는 "나는 누구인가?"와 같은 뜻이다.

　나는 누구인가?

　뼈와 살로 이루어진 이 몸은 내가 아니다. 시각, 청각, 후각, 미각, 촉각 등의 다섯 가지 감각기관은 내가 아니다. 말하고, 움직이고, 붙잡고, 배설하고, 생식하는 다섯 가지 운동기관은 내가 아니다. 호흡으로 몸에 흐르는 기(氣)도 내가 아니다. 생각하는 마음도 내가 아니다. 내면에 잠재되어 있는 무의식도 내가 아니다.

　이 모든 것이 내가 아니라면 나는 누구일까?

　이 모든 것들을 "내가 아니다"라고 부정하고 나면 그것들을 지켜보는 각성(覺性, Awareness)만이 남는다. 이는 사량분별심으로는 알 수 없다. 이것이 "참나"이다. "이 뭣고?" 하고, 알 수 없는 참나를 참구한다.

좌선(坐禪)

좌선은 몸이 움직이지 않는 상태에서 몸에서 나타나는 현상들을 알아차린다. 주로 들숨날숨에 의한 현상들을 알아차린다. 좌선은 여기저기로 방황하는 마음을, 몸이라는 기둥에 알아차림이라는 끈으로 묶어서 고정하는 것이다. 그러면 밖으로 향하던 마음이 들어와서 순화된다.

몸의 긴장을 풀고 편안하면서도 바른 자세로 앉는다. 턱을 약간만 아래로 당기고, 허리는 편안하게 편다. 손은 무릎 위에 편안하게 올려놓고, 발은 반가부좌를 하거나 두 발을 나란히 바닥에 놓는 평좌를 하고, 한 시간 동안 움직이지 않을 만큼 부담 없는 편안한 자세로 앉는다.

그리고 몸 전체의 앉아 있는 자세를 전체적으로 크게 느껴본다. 가만히 몸 전체의 느낌을 주시한다. 몸의 어디선가 움직임이 있다. 그것은 호흡이다. 호흡은 코, 가슴, 배, 몸의 일부에서 움직임으로 나타난다. 그 중 가장 잘 느껴지는 곳 하나를 선택해서 그곳에서 일어나는 호흡을 알아차린다. 호흡은 자연스런 호흡을 해야 한다. 복식 호흡이나 단전호흡으로 호흡을 일부러 하려고 하지 않는다.

처음에는 호흡의 움직임 중에서 '일어남' 하나만을 알아차리다가 어느 정도 대상에 마음이 집중되면 이제 일어남과 꺼짐을 알아차린다. 좀 더 집중이 되면 일어남, 꺼짐, 쉼까지 알아차린다. 숨을 들이마실 때 복부가 불러오고, 복부가 불러오면 그것을 '일어남'이라고 알아차리며, "이 뭣고?" 하고 화두를 든다. 숨을 내쉬어 복부가 꺼질 때 그것을 '꺼짐'이라고 알아차리며 "이 뭣고?" 하고 화두를 들어, 들이쉬고 내쉬는 주인공을 찾는다. 들이쉬고 내쉬는 이놈이 "이 뭣고?" 하고 화두를 든다.

초보자들이 자연 호흡을 하려고 해도 호흡에 마음을 두면, 주작심이 생기어 긴장하게 된다. 이때는 호흡에 알아차림을 두지 말고 편안한 자세로 눈을 감고 앉아 두 손 중 왼손을 펴고 천천히 손을 쥐면서 쥐는 손의 감각을 알아차리고, "이 뭣고?" 하고 화두를 든다. 잠시 쥐고 있다가 천천히 손을 펴면서 "이 뭣고?" 하고 화두를 들면서 반복한다.

또 수행 중에 망상이 떠오르면 망상을 억지로 물리치려고 하지 말고, "망상, 망상, 망상…" 하면서 망상을 알아차리며, 망상을 피우는 이놈이 "이 뭣고?" 하고 화두를 들면, 망상은 자연히 물러간다. 통증이 일어나면 "통증, 통증, 통증…" 하면서 통증을 알아차리며, 통증을 느끼는 이놈이 "이 뭣고?" 하고 화두를 든다.

좌선 중에 "지금 몸의 자세는 바른가?" 하고 몸의 자세를
알아차린다. 만일 몸에 힘이 들어가 있거나 반듯하지 않으면,
그것을 알아차리면서 "이 뭣고?" 하고 화두를 들고 힘을 빼며
자세를 바로잡는다. 또 이따금씩 "지금 내 마음이 무엇을 하는
가?" 하고 현재를 알아차려 본다. 만일 알아차림을 놓치고 망상에
빠졌으면 "망상에 빠졌네!" 하고 알아차리며, "이 뭣고?" 하고
화두를 든다. 이때 알아차림을 놓치고 망상에 빠졌다고 후회하면
다시 알아차림도 놓치고 화두도 놓치게 된다. 좌선 중에 나타난
대상은 무엇이든지 다 법이다. 그러므로 수행이 잘 되기를 바라거
나 장애를 없애려고 하지 말고, 무엇이든지 나타나는 대로 모두
법으로 받아들여 알아차리며 "이 뭣고?" 하고 화두를 든다. 화두
는 "이 뭣고?"가 아닌, 다른 화두를 들어도 된다.

행선(行禪)

우리는 하루에 많은 시간을 움직이는데, 경행은 몸의 움직임을
알아차리며, "이 뭣고?" 하고 화두를 챙기는 수행 방법이다. 경행
의 알아차림은 일상생활에서 가고, 서고, 눕고, 구부리고, 돌고,
허리를 펴는 등의 움직임을 알아차리며, "이 뭣고?" 하고 화두를
챙기는 것이다. 일상에서 어디를 갈 때에도 우리의 마음은 몸의

움직임에 있지 않고 대부분 목적지에 가 있다. 그리고 앞으로의 일을 계획하거나, 일어날 일을 상상하고 흥분하거나, 근심걱정을 한다. 이것은 알아차림이 없는 것으로, 번뇌가 일어난 상태이다.

그러나 경행을 하여 알아차리며 "이 뭣고?" 하고 화두를 챙기는 것이 숙달되면, 생활 속에서도 항상 몸의 움직임을 알아차리며 "이 뭣고?" 하고 화두를 들 수가 있기 때문에, 번뇌가 없는 깨어 있는 상태가 된다. 수행자는 좌선과 경행을 같은 비율로 한다. 좌선과 경행을 교대로 하면서, 움직일 때나 움직이지 않을 때나 모두 알아차리며 "이 뭣고?" 하고 화두를 챙긴다. 경행을 할 때는 움직임의 순간순간을 알아차리며 "이 뭣고?" 하고 화두를 챙겨야 한다.

수행자는 좌선과 경행을 같은 비율로 한다. 수행자들은 건강을 위해 특별한 다른 운동을 하지 않더라도 오직 경행만으로 다리의 근력을 키우고, 소화를 돕고, 혈액순환을 돕고, 체력을 기를 수 있으며, 항상 알아차림을 유지하면서 "이 뭣고?" 하고 화두를 챙길 수 있다. 좌선과 경행을 함께 병행하면서 수행하는 것이 중요하다.

경행의 순서는 서고, 가고, 돌고, 가고를 반복하면서 몸의 움직임을 알아차리면서 "이 뭣고?" 하고 화두를 챙긴다. 그리고 수행자는 먼저 왕복할 수 있는 일정한 거리를 확보해서 몸의 자세를 반듯하게 하고 정면을 향하여 선다. 몸의 긴장을 풀고,

두 손을 모아서 앞으로 잡는다. 그러고 나서 경행을 하려는 현재의 마음을 알아차린다. 바라는 마음, 하기 싫은 마음, 들뜬 마음, 아무것도 없는 마음 등을 있는 그대로 알아차리면서. "이 뭣고?" 하고 화두를 챙긴다.

이제 한 발 한 발 걸으면서 발바닥이 닿는 것을 알아차리면서, "이 뭣고?" 하고 화두를 챙긴다. 걸음은 빠르지도 느리지도 않게 자연스럽게 하고, 앞으로 갈 때는 반듯하게 일직선으로 걷는다. 끝에 가면 반드시 서서, 서 있는 몸의 느낌을 알아차리면서 "이 뭣고?" 하고 화두를 챙긴다.

정면을 향해 돌면서 몸의 돌아가는 것을 알아차리면서, "이 뭣고?" 하고 화두를 챙긴다. 돌 때는 천천히 돌면서 발의 움직임을 알아차리거나, 혹은 어깨에 마음을 두고 어깨가 크게 원을 그리며 도는 것을 알아차리면서, "이 뭣고?" 하고 화두를 챙긴다. 그리고 다시 서 있는 것을 알아차리고, 다시 가려는 의도에 의해 발이 앞으로 나가는 것을 알아차리면서, "이 뭣고?" 하고 화두를 챙긴다.

경행 중에 망상이 일어나면 그것을 망상이라고 가볍게 알아차리면서, "이 뭣고?" 하고 화두를 챙긴다. 눈은 좌우로 두리번거리지 말고, 서너 걸음 앞의 바닥을 본다. 처음에는 약간 빨리 걷다가 차츰 적당한 속도를 유지한다. 경행을 할 때 지나치게 천천히 걸으면 몸이 긴장되어, 알아차림을 하면서 "이 뭣고?" 하고 화두를 챙기기가 어렵다. 길이나 운동장에서 빠르게 걸을 때에는 내 몸의 전체를 알아차리면서 "이 뭣고?" 하고 화두를 놓치지 말아야 한다. "이 뭣고?"가 아닌, 다른 화두를 들어도 된다.

와선(臥禪)

와선은 누운 자세로 알아차리면서, "이 뭣고?" 하고 화두를 챙기는 것인데, 주로 아침에 잠에서 깨었을 때, 또는 저녁에 잠을 자려고 할 때 누운 채로 자신의 몸과 마음을 알아차리면서 "이 뭣고?" 하고 화두를 챙긴다. 이것은 하루의 시작과 끝을 알아차리는 것이다. 잠들기 전에 알아차리는 것은 그 날 하루를 정리하는 것이며, 이런 알아차림을 하면서 "이 뭣고?" 하고 화두를 챙기면서 잠이 들면 숙면을 취할 수 있다. 그리고 누운 몸이 최대로 이완되기 때문에 호흡이 고르고, "이 뭣고?" 화두가 잘 들린다.

이렇게 매일 잠들기 전에 정신이 혼미해질 때 알아차림과 화두를 챙기면, 죽을 때에도 알아차리면서 "이 뭣고?" 하고 화두를 챙기면서 죽을 수 있을 것이다. 죽음의 순간에 알아차리면서 "이 뭣고?" 하고 깨어 있으면, 다음 생을 결정하는 재생연결식(再生連結識)이 깨어 있어 악도에 떨어지지 않고 지혜롭게 된다. 그러면 그 마음 상태와 같은 파장의 몸과 마음이 생기므로,

다음 생은 지혜와 함께 시작하는 삶이 될 것이다.

와선하는 방법은 다음과 같다. 아침에 일어날 때 누운 자리에서 잠을 깬 현재의 마음을 알아차리면서 "이 뭣고?" 하고 화두를 챙긴다. 누운 상태에서 일어남, 꺼짐의 호흡을 얼마간 알아차리다가 천천히 일어나면서 몸의 움직임을 알아차리면서 "이 뭣고?" 하고 화두를 챙긴다. 아침에 일어나서 마음을 보면, 편안하거나 들떠 있거나 어떤 걱정을 하고 있다. 이때 그 마음을 알아차리고 잠깐이라도 호흡을 알아차리면서 "이 뭣고?" 하고 화두를 들면, 들뜬 마음은 사라지고 다시 청정한 마음으로 돌아온다. 하루의 시작을 알아차리며 "이 뭣고?" 하고 화두를 들면서 출발하면, 그 좋은 파장으로 하루를 좋게 이끌어 가게 된다.

또 저녁에 잠자리에 들어 잠을 자고자 할 때, 잠자리에 누운 상태로 잠을 청하는 현재의 마음을 알아차리며, "이 뭣고?" 하고 화두를 든다. 그 다음 얼굴, 목, 가슴, 배를 알아차리다가 배에서 호흡이 잡히면 배의 일어남, 꺼짐을 알아차리며 "이 뭣고?" 하고 화두를 들면 자연스럽게 잠이 든다. 와선을 하면 금방 잠이 드는데, 이렇게 알아차림과 함께 화두를 들면서 잠이 들면 숙면을 취할 수가 있다. 잠들기 전 화두를 들고 알아차림으로 마음이 깨끗한 상태에서 잠들면, 악몽을 꾸거나 선잠을 자지 않게 된다.

만일 잠이 오지 않을 때는 잠을 못 자서 두려워하는 마음을 먼저 알아차리고, 앉아서 좌선을 한다. 좌선을 하다가 졸음이 오면 자연스럽게 누우면 된다. 불면증이 있을 때, 잠을 못 잘 것 같은 불안한 마음이 자꾸 여러 생각을 일으켜서 더욱 잠을 이루지 못하게 한다. 그래서 불면증일 때는 반드시 불안한 마음을 먼저 알아차리고, 그 다음 호흡을 대상으로 알아차리면서 "이 뭣고?" 하고 화두를 든다. 그러면 불안한 마음이 사라지고 잠이 온다.

수행자가 낮 동안에 알아차리면서 "이 뭣고?" 하고 화두가 잘 들려 의식이 명료하게 깨어 있으면, 밤에도 잠을 자지 않고 계속 알아차리면서 "이 뭣고?" 하고 화두를 들 수가 있다. 이때는 아침까지 와선을 하면 좋다. 이 경우 잠을 자지 않았어도 모든 피로가 풀려 있기 때문에 가볍고 상쾌한 하루를 시작할 수 있다. 이것은 밤새 깨끗한 마음의 작용인 알아차림으로 화두가 성성했기 때문에 몸도 깨끗한 상태로 바꾸어진 것이다.

일상선(日常禪)

우리는 잠자는 시간을 빼면 하루 15시간 이상 활동을 하는 셈이다. 그래서 활동하는 자신을 놓치지 않고 알아차리며 "이 뭣고?" 하고 화두를 챙기면 빠르게 발전할 수 있다. 수행자에게 일상의 알아차림은 매우 중요하다. 생활 속에서 자신이 하는 모든 일들을 놓치지 않고 알아차리면서 "이 뭣고?" 하고 화두를 챙겨야 한다. 말을 할 때도 말하려고 하는 의도를 알아차리고, 말을 하는 자신의 목소리를 알아차리며, "이 뭣고?" 하고 화두를 들어, 듣는 주인공을 찾는다. 어떤 행동을 할 때도 무슨 마음으로 하는지 분명하게 알아차리며, "이 뭣고?" 하고 화두를 들고 행동한다. 일상생활은 대상에 휘둘려 알아차림을 놓치기가 쉽고, 알아차림을 놓치면 화두 챙기는 것도 놓치기 쉽기 때문에 더욱 노력이 필요하다.

일상에서는 무슨 일을 할 때마다 항상 알아차리면서 "이 뭣고?" 하고 주인공을 찾아야 한다. 알아차림을 하면서 "이 뭣고?" 하고 화두를 들면 나쁜 행동을 하지 않게 되고, 나쁜 말을 하지 않게 되고, 나쁜 생각을 하지 않게 된다. 그러므로 계를 어겨 불선업을 짓는 일이 없게 된다.

수행자는 아침부터 저녁까지 모든 행위를 알아차리며 "이 뭣고?" 하고 화두를 들어야 한다. 아침에 잠자리에서 깨면 먼저 현재의 마음을 알아차리고, 호흡을 몇 번이라도 알아차린 뒤에 "이 뭣고?" 하고 화두를 들고 일어난다. 이때 몸이 움직이는 것을 알아차리며 "이 뭣고?" 하고 화두를 든다.

침대에서 일어나는 것, 방문을 열고 닫는 것, 화장실에 가는 것, 세면장에서 양치질과 세수를 하는 것, 목욕을 하는 것 등을 모두 알아차리면서 "이 뭣고?" 하고 화두를 든다. 또한 걷거나 서거나 앉거나 눕거나 주위를 둘러보거나 할 때도 알아차리면서

"이 뭣고?" 하고 화두를 든다. 옷을 입거나 말을 하거나 침묵하거나 먹거나 마시거나 대소변을 볼 때까지도 모두 알아차리면서 "이 뭣고?" 하고 화두를 놓치지 말아야 한다.

하지만 대부분 알아차림을 놓치고 화두를 놓친다. 그때 '지금 마음이 무엇을 하고 있는가?' 하고 현재로 돌아와서 알아차림으로 "이 뭣고?" 하고 화두를 챙겨야 한다. 지금 무슨 일을 하는지 하는 일의 현장에 마음을 두면 된다. 저녁에 잠을 잘 때도, 아침에 일어날 때와 마찬가지로 먼저 마음을 알아차린 뒤에 호흡을 주시하면서, "이 뭣고?" 하고 화두를 들고 잠을 자야 한다.

사람들은 음식을 먹을 때는 대부분 탐심을 가지고 먹기 때문에, 알아차림도 화두도 놓치곤 한다. 먼저 음식을 대하는 마음을 알아차리고, 그 다음 '지금 무슨 마음으로 먹는가?', '탐욕으로 먹는가?', '성급하게 먹는가?', 아니면 '감사하는 마음으로 먹는가?', '편안한 마음으로 먹는가?'를 알아차린 뒤에, 만일 탐심이나 성급한 마음이 있으면, 일단 먹는 것을 중지하고, 그 마음이 가라앉을 때까지 알아차림을 하면서 "이 뭣고?" 하고 화두를 챙긴다. 다시 '지금 무슨 마음으로 먹는가?'를 알아차려서, 탐심이나 급한 마음이 사라졌을 때 "이 뭣고?" 하고 화두를 들고 먹어야 한다. 그렇지 않으면 음식을 먹는 것이 아니고 탐욕을 먹는 것이다.

음식을 먹을 때 먼저 '지금 무슨 마음인가?' 하고 마음을 알아차리는 것이 중요하다. 마음을 알아차린 뒤 다시 음식을 뜨는 것을 알고, 수저를 들 때 그것을 알고, 입에 넣는 것을 알면서 "이 뭣고?" 하고 화두를 들고 먹는다. 꼭 식사시간만 알아차리는 것이 아니라, 어디서 음식을 보았을 때나, 과자나 간식을 먹을 때에도, 먹고 싶어하는 마음이 올라오는 것을 알아차려야 한다. 그때마다 '성급한 마음이 있는가?', '탐심이 있는가?', '배가 불러 있는데도 먹으려고 하는가?' 등을 알아차리면서 "이 뭣고?" 하고 화두를 챙겨 들어야 한다.

그러나 이렇게 알아차리면서 화두를 들고 먹는 것이 쉽지 않다. 알아차리면서 화두를 드는 힘은 약하고, 탐심은 아주 강하기 때문이다. 그래서 먼저 마음을 알아차려서 급한 마음이 없어지고 편안해졌을 때 먹어야, 알아차리면서 "이 뭣고?" 하고 화두를 챙겨 들 수 있다. 그리고 음식에 마음을 두지 말고 "이 뭣고?" 하고 화두를 들고 먹어야 한다. 그렇지 않으면 마음이 여러 반찬들로 왔다 갔다 하면서 자꾸 탐심이 일어나서 급하게 먹게 된다. 젓가락을 들고 이것저것을 탐색하고, 음식을 흘리고, 몇 번 씹지도 않고 급하게 삼키고, 아직 삼키지도 않았는데 다시 음식을 입에 넣기도 한다. 그런가 하면 남의 몫까지 먹을 수도 있다. 이 모두가 탐심을 가지고 먹는 것이다. 그러면 음식을 먹는 것이 아니고 탐심을 먹는 것이고, 탐심이 점점 더 많아질 테니 수행자라 할 수 없다.

음식은 탐욕심으로 먹지 말아야 하고, 음식을 이름으로 먹지 말아야 한다. 다시 말하면 닭고기, 돼지고기, 쇠고기, 과일 등 음식의 모양이나 이름에 빠져 먹지 말고, 그 음식의 고유한 맛을 음미하면서 "이 뭣고?" 하고 화두를 들고 먹어야 한다. 음식의 모양이나 이름은 관념이고, 음식의 맛은 실재이다. 음식의 이름은 변하지 않지만, 그 맛은 순간마다 변한다. 만일 고급요리라는 모양에 빠지면 알아차림과 화두를 놓치고 과식하게 된다. 또 자신이 좋아하는 음식이냐, 싫어하는 음식이냐에 따라 탐심과 성냄이 일어나는데, 그때 그 마음을 알아차리며 "이 뭣고?" 하고 화두를 관하면서 먹어야 한다. 단지 알아차리면서 "이 뭣고?" 하고 화두를 관하면, 좋아하거나 싫어하는 마음 없이 차분하게 먹을 수 있다. 그러면 수행을 하면서 음식을 먹고, 적당히 알맞게 먹게 될 것이다.

또 직장에 가기 위하여 아침에 집을 나설 때마다 자신의 발걸음을 알아차리고, 걷고 있는 이놈이 "이 뭣고?" 하고 화두를 관하면서 걷는다. 그러다가 어떤 일을 생각하게 되면 생각한 것을 알아차리고, 다시 발걸음을 알아차리면서 걷고 있는 이놈이 "이 뭣고?" 하고 화두를 든다. 직장에서 다른 사람과 대화할 때는 말하려는 의도를 알아차리고, 상대의 말에 반응하는 자신의 모습을 알아차리면서, "이 뭣고?" 하고 화두를 든다. 또한 다른 직원들의 언행에 대해서 시비분별하는 자신을 알차리면서 "이 뭣고?" 하고 화두를 든다.

194

이렇게 알아차림을 하면서 화두를 들면, 마음이 안정되어 직장에서 바르고 적절한 행동을 하게 되기 때문에 실수가 적어지고, 일의 능률도 높아진다. 그러나 알아차림이 없다면, 매순간 일어난 자신의 느낌과 생각에 속아서, 자신도 모르게 탐욕과 성냄과 어리석음으로 행동하게 된다.

그리고 행주좌와 어묵동정의 모든 행위를 알아차리고 있으면, 그때 일어나는 느낌과 생각과 의도를 알아차릴 수 있으며, "이 뭣고?" 하고 화두를 놓치지 않는다. 수행자는 이렇게 현재를 알아차리며 "이 뭣고?" 하고 화두를 놓치지 않으면, 하루 종일 업무와 수행을 함께 할 수 있게 된다.

수행자가 일상에서 모든 행위를 알아차리면서 화두를 놓치지 않으면, 번뇌가 일어날 틈이 없게 된다. 안정된 마음은 정신과 물질의 일어나고 사라지는 성품을 보게 된다. 가고, 오고, 앉고, 서고, 눕고, 옷 입고, 밥 먹고, 말하는 등 일체처 일체시에 알아차림이 분명하면, 화두의정도 또렷하여 일체 번뇌가 일어나지 않고 마음 길이 그치어 삼매에 들고, 마침내 깨달음에 이른다. 그러하니 위빠사나 수행에서 시작하여 사마타 수행인 간화선으로 대도를 성취하게 되는 것이다.

깨달음에 이르는 길은 간화선 수행법이 가장 빠르지만, 그만큼 험하고 힘들다. 비유하자면 서울의 주산(主山)은 삼각산인데, 삼각산은 인수봉, 백운봉, 만경봉이다. 이 세 봉우리가 마치

소의 뿔처럼 우뚝 솟았다고 해서 붙여진 이름이다. 그 중 인수봉이 가장 높고 아름답지만 온통 깎아지른 듯한 바위로 되어 있어 오르고 싶은 사람은 많지만, 아무나 오를 수 없다. 특별히 암벽타기 훈련을 받은 자가 암벽용 밧줄을 활용하지 않으면 오를 수가 없기 때문이다. 이것은 간화선 수행자들이 화두 하나만 참구하여 그 화두를 타파해 깨달음에 이르는 것과 같다.

거기에 비하면, 백운봉은 많은 계단으로 되어 있어 웬만한 체력을 갖고 있고 다리가 튼튼한 사람이면 계단 난간을 잡고 한 계단 한 계단 올라 꼭대기에 오를 수 있다. 마치 위빠사나 수행자가 신(身), 수(受), 심(心), 법(法)의 알아차림 수행법으로 차츰차츰 깊은 알아차림이 있어 마침내 열반에 이르는 것과 같다.

그런가 하면 만경봉은 완만하고 계단도 많이 있지 않아 웬만한 사람이면 누구나 오를 수 있다. 마치 위빠사나 수행과 간화선 수행을 병행하는 사람이 위빠사나 수행으로 밖으로 치닫는 마음을 안으로 끌어들이고, 화두의정으로 삼매를 얻어 깨달음에 이르는 것과 같다.

또 하나 비유를 든다. 간화선 수행법은 남의 나라를 침공할 때 특공대를 보내어 수도를 점령하고 왕을 생포하여 항복을 받은 다음 그 나라의 군대와 백성을 조복받는 것처럼 속전속결의 법이다. 위빠사나 수행법은 적의 군대를 작전을 펴서 무력으로 점점 섬멸하여 수도를 점령하고 왕을 붙잡아 항복시키는 것과 같다. 위빠사나 수행과 간화선 수행을 병행하는 법은, 처음은 적의 군대를 작전을 펴 무력으로 점점 섬멸하다가 어느 시점에서 특공대를 보내어 수도로 쳐들어가서 왕을 생포해 항복을 받는 경우라 할 수 있다.

간화선을 수행하는 수행자는 화두의정을 타파하여 깨달음으로써 화두 집중의 긴장이 풀리고 마음이 평온함을 얻기까지는 항상 긴장 상태에 있으므로, 수행자의 기품이 드러나지 못한다. 그래서 이십년 삼십년 수행자라도 너그럽지 못하고, 인내심이 부족하고, 기다릴 줄 모르고, 또 매사에 서두른다. 그래서인지 화가 나면 화를 참지 못하고 버럭 화를 내기 일쑤이다. 화두 하나에만 집중하다보니 눈, 귀, 코, 혀, 몸의 감각의 자극에 대한 알아차림이 없어 통제하지 못하기 때문이다. 그러나 바로 되돌아볼 수 있는 지혜의 힘이 있기 때문에 곧바로 평상심으로 돌아가곤 한다. 그러다보니 일반인들은 이해하지 못하고 오해와 실망을 하기 일쑤이다.

하지만 위빠사나 수행자들은 눈, 귀, 코, 혀, 몸의 감각을 잠자는 시간 빼고 깨어 있는 순간마다 항상 알아차림이 있어 의지적 힘으로 통제해 잘 다스리기 때문에 실수를 범하지 않는다. 그래서 위빠사나 수행을 단 한 달만 해도 항상 알아차림이 있어 서두르지 않고 느긋하며, 성냄과 탐심을 다스릴 줄 알아 수행자의 기품이 물씬 풍긴다.

간화선 수행자는 모기에 물리면 "앗 따가워!" 하면서 손으로 모기가 문 곳을 때린다. 그러면 모기는 피를 튀기며 으깨어져 죽고 만다. 그것을 본 수행자는 "아이고! 죽었네. 쯔쯧…" 하고 혀를 몇 번 차고 피를 닦아내고 만다. 위빠사나 수행자는 모기가 물면 "아! 따갑다. 모기가 무네. 살생하면 안 되지, 쫓아 보내야지." 하면서 손가락을 살짝 튕기어 쫓아 보낸다. 위빠사나 수행과 간화선 수행을 병행하는 수행자는 모기가 물면, "아! 따갑다. 모기가 무네. 살생하면 안 되지. 이 뭣고!" 화두를 든다. 그러다보면 모기가 피를 빨고 있는 것을 잊어버린다.

'알아차림'은 위빠사나 수행으로서 마음이 들뜸에 빠지는 것을 알아차려 보호하고, "이 뭣고?" 하고 화두를 챙김은 사마타 수행으로서 산란한 마음을 강한 집중으로 삼매 [定]에 들게 하여, 무명번뇌를 조복시켜 깨달음에 이르게 한다. 이것이 위빠사나 수행의 장점과 사마타 수행의 장점을 잘 살린, 알아차리면서 화두를 드는 "위빠간화선"이다.

초심자가 화두를 들려고 해도 화두가 들리지 않고, 또 화두는 들리지만 의정이 일어나지 않은 것은 육근(六根) 육식(六識)이 다겁생에 익혀온 업식(業識)에 의하여 들떠 요동치기 때문이다. 이 들떠 요동치는 업식을 잠재우기 위하여는 위빠사나의 알아차림이 필요하다. 알아차림으로 들떠 요동치는 업식을 잠재우면 마치 출렁거리는 물이 잠잠해지면 내 얼굴이 비치듯, 화두가 들리고 의정이 돈발한다. 그러나 화두가 들리고 의정이 생기면 알아차림은 사라진다.

마치 한 공간에 어둠과 빛이 공존하지 못하듯, 처음 위빠간화선을 시작하는 사람은 들떠 요동치는 업식을 잠재우는 시간이 길지만, 오래오래 수행을 열심히 하다보면 위빠사나의 알아차림이 짧아지고 화두 드는 시간이 길어진다. 이렇게 열심히 수행을 하다보면 화두 의단이 독로하여 앉고 서고 가고 오고 말할 때 한결같게 된다. 이렇게 되면 위빠사나의 알아차림이 필요없게 된다.

그래서 위빠간화선은 위빠사나의 알아차림으로 시작하여 사마타선인 간화선의 화두 타파로 깨달음을 성취하게 한다.